Tobias Korenke

Widerstand aus Loyalität

Zum Verständnis einer deutschen Freiheitsbewegung

KLARTEXT

Tobias Korenke

WIDERSTAND AUS LOYALITÄT

Zum Verständnis einer deutschen Freiheitsbewegung

Bibliografische Information der Deutschen Nationalbibliothek
Die Deutsche Nationalbibliothek verzeichnet diese Publikation in der Deutschen Nationalbibliografie; detaillierte bibliografische Daten sind im Internet über http://dnb.dnb.de abrufbar.

1. Auflage Februar 2020

Satz und Layout:
Satzzentrale GbR, Marburg

Umschlagabbildung:
Peter-Otto Ullrich

Umschlaggestaltung:
Ina Zimmermann, Essen

Druck und Bindung:
Majuskel Medienproduktion GmbH, Elsa-Brandström-Str. 18, 35578 Wetzlar

ISBN 978-3-8375-2077-4

KLARTEXT

Jakob Funke Medien Beteiligungs GmbH & Co. KG
Jakob-Funke-Platz 1, 45127 Essen
info@klartext-verlag.de, www.klartext-verlag.de

Für Charlotte, Theresa und Clara

Inhalt

Wenn das neue Deutschland im Zeichen solcher Ereignisse wie des 20. Juli seine Bürger erzieht, und nicht bloß im abstrakten Respekt für die Demokratie als solche, so wäre viel gewonnen. Die Demokratie als solche ist bekanntlich ein recht vager Begriff, der zu Freiheit und Gerechtigkeit nicht automatisch in Beziehung steht. Es bedarf der Spontaneität des Einzelnen, die sich in formalen Prinzipien nicht erschöpft.

Max Horkheimer
(in einem Brief an Hans Bott vom 12.7.1956, in: Max-Horkheimer-Archiv, Abt. 5, Capsel 87, Dokument 240.)

Schwieriges Erinnern

Gut 75 Jahre ist es nun her, das Attentat auf Adolf Hitler am 20. Juli 1944. Das ist eine lange Zeit. Und in der Tat stellt sich die Frage, warum heute überhaupt noch an diesen Tag erinnert werden sollte: Der Anschlag auf den Diktator ist ja schließlich gescheitert. Und all das, was man von den Attentätern und den Menschen, die sie unterstützt haben oder bei der Vorbereitung halfen, so gemeinhin hört, klingt nicht unbedingt so, dass man große Lust hätte, sich mit ihnen näher zu beschäftigen. Schneidige Soldaten und ziemlich graue Männer haben sich offensichtlich viel zu spät überlegt, dass es notwendig sei, Hitler umzubringen – und sich dann nicht einmal sonderlich professionell angestellt. Die Fotos, die von den Attentätern existieren, passen so gar nicht in unsere bunte Instagram-Welt: gescheitelte Männer in Uniform, Männer mit Krawatte und Kragen, die nur dann befreit zu lächeln scheinen, wenn sie gemeinsam mit ihren Frauen und Kindern abgebildet werden – und das alles in Schwarz-Weiß und Sepia.

Historiker haben später versucht, die Menschen, die in irgendeiner Weise – als Vor- und Mitdenker, aktive Vorbereiter oder Durchführende – am Attentat beteiligt waren, mit einem Etikett zu versehen. Dabei kamen dann Kategorien wie „bürgerlich", „bürgerlich-militärisch", „konservativ", „national-konservativ" oder auch „Widerstand der alten Eliten" heraus. Manche Publizisten sprechen von „Reaktionären". Das macht die Beschäftigung mit den Widerständlern nicht gerade attraktiver. Es klingt nicht nur weit weg, sondern auch wahnsinnig verstaubt, irgendwie aus der Zeit gefallen. Wer mag in Zeiten, in denen selbst die von der CDU gestellte Bundeskanzlerin den Begriff meidet und jeder hipp sein möchte, schon noch „konservativ“ sein?

Doch der Eindruck täuscht. Ein genauerer Blick auf die Männer und Frauen des Widerstands zeigt: Es gab Konservative unter ihnen, aber auch Liberale und Sozialdemokraten, Gewerkschafter waren genauso dabei wie Diplomaten, Kirchenmänner und Kaufleute. Und vor allem Menschen, die, wie man heute sagen würde, kommunitaristisch „tickten“. Die Bewegung, die zum 20. Juli 1944 führte, war politisch bunt und sozial lange nicht so high-end dominiert, wie etwa der Adel es nach 1945 so gerne gehabt hätte. Viel wichtiger noch: Wir können viel von ihr lernen. Auch heute. Vielleicht gerade heute, denn in Perioden des Umbruchs kommt es mehr denn je darauf an, sich dessen zu vergewissern, was wirklich wichtig ist in einer und für eine Gesellschaft. Was Bedeutung und Wert hat. Auf welchem Fundament das Zusammenleben beruht.

Die Menschen, die sich zum Handeln gegen die Diktatur entschieden haben, geben auf diese Fragen keine ausformulierten Antworten. Anregungen zum Weiterdenken und vielleicht sogar zum Handeln geben sie aber allemal. Dafür muss man sie allerdings verstehen. Denn vieles an den Widerstandskämpfern sperrt sich einfachen und pauschalen Deutungen, ist komplex und nur aus der Zeit heraus zu verstehen. Schubladen verschließen das Verstehen. Ich möchte ein paar Schubladen öffnen, die Komplexität verstehen helfen und von der Aktualität des Widerstands erzählen. Deshalb dieser Essay.

Positionsbestimmung: Ursula und Rüdiger Schleicher und die Bonhoeffer-Familie

Lange schon beschäftigt mich der Widerstand gegen den Nationalsozialismus. Das hat auch familiäre Gründe, meine Großmutter war Ursula Schleicher, die älteste Schwester von Dietrich und Klaus Bonhoeffer. Beide wirkten bei der Verschwörung mit. Dietrich war nun nicht der treibende Konspirateur, als der er heute gerade in Kirchenkreisen gerne dargestellt wird, aber er gab mit seinen Texten dem Widerstand eine Stimme, hier liegt seine historische Bedeutung, deswegen taucht er in diesem Text auch immer wieder auf. Ursula hat Rüdiger Schleicher geheiratet, der sich auch dem Widerstand gegen Hitler anschloss. Eine Schwester von Ursula heiratete Hans von Dohnanyi, der eine bedeutende Rolle im Widerstand spielen sollte. Und ein Vetter meiner Großmutter, Paul von Hase, fand als Stadtkommandant den Weg in den Widerstand. Rüdiger, Dietrich, Klaus, Hans und Paul bezahlten ihren Einsatz mit dem Leben. Deshalb treibt mich diese Geschichte auch noch zwei Generationen später um: Was haben sie getan? Warum handelten sie so? War richtig, was sie getan haben? Und war es wert, dafür den höchsten Preis zu zahlen?

Ich möchte etwas ausführlicher von dieser Familie erzählen. Ihre Geschichte hat meine Sichtweise der Geschichte geprägt. Ich bin davon überzeugt, dass der individuelle Hintergrund immer auch die Perspektive eines Historikers beeinflusst. Das hören wissenschaftlich arbeitende Historiker, die den hohen Ansprüchen der intersubjektiven Überprüfbarkeit verpflichtet sind, nicht gern. Aber schaut, sagen wir, ein Nachkomme eines SS-Mannes nicht anders auf die NS-Geschichte als zum Beispiel der Verwandte eines verfolgten Juden? Das heißt nicht, dass beide nicht das Ziel einer möglichst objektiven Darstellung verfolgen könnten. Natürlich, es gibt geschichtswissenschaftliche Methoden und deren Gebrauch schaltet subjektive Faktoren weitgehend aus. Aber schon manche Frageansätze sind spezifisch biografisch geprägt. Und Wertungen ohnehin. In einem berühmt gewordenen Briefwechsel zwischen den Historikern Martin Broszat und Saul Friedländer über die „Historisierung des Nationalsozialismus"[1] aus dem Jahr 1987 behauptete Broszat, Friedländer könne nicht objektiv über das „Dritte Reich" schreiben, weil er Jude und befangen sei. Friedländer führte vor, in welchem Konstrukt sich Broszat hier bewegte: Wären deutsche Historiker nicht mindestens genauso befangen? Ja, es gibt eine herkunftsbedingte Befangenheit. Deshalb scheint es mir notwendig, etwas weiter auszuholen.

Es mag seltsam klingen in unserer individualistischen Zeit, aber es gelingt mir nicht anders: Meine Großeltern sind nur zusammen zu denken und zu beschreiben. Die vor einigen Jahren auf dem Dachboden meiner Mutter aufgetauchten Briefe der beiden aus den Jahren 1923 bis 1944 führen uns lebendig vor Augen, wie sehr Rüdiger und „Ursel" – so nannte er sie meistens – in den 22 Jahren, die sie miteinander hatten, aufeinander bezogen waren. Er wurde das, was er war, durch sie. Und sie wurde das, was sie war, durch ihn. Und trotzdem – oder vielleicht auch gerade deshalb – waren sie beide starke und eigenständige

1 VfZ 36 (1988), 2, S. 339.

Persönlichkeiten, die sich nicht füreinander aufgaben, sondern miteinander wuchsen.[2]

Rüdiger Schleicher, 1895 als erster von vier Söhnen eines Obermedizinalrates in Stuttgart geboren, wuchs in einer bürgerlichen Welt auf. Er besuchte das „EbeLu", das Eberhard-Ludwigs-Gymnasium. Es galt als humanistische Kaderschmiede. Auch die Stauffenberg-Brüder, Eugen Gerstenmaier, Fritz Bauer oder später Vicco von Bülow, alias Loriot, gingen hier zur Schule. Schon früh spielte Musik in seinem Leben eine große Rolle. Rüdiger besaß ein absolutes Gehör und er lernte offenbar mit Leichtigkeit Geige. Sehr bald erschloss sich ihm die kommunikative Seite der Musik. Als Mitspieler im Quartett oder auch im Orchester war er sehr beliebt. Offenbar konnte er sich besonders gut in die Mitspieler hineinfühlen, „mitschwingen", sich zurücknehmen und damit das Gemeinsame voranbringen. Das Abitur war da fast nebensächlich.

Rüdiger hatte die einjährige Militärzeit fast abgeschlossen, als der Erste Weltkrieg ausbrach. Wie so viele Angehörige seiner Generation zog er mit Begeisterung „ins Feld". Gleich in seinem ersten Gefecht wurde er verwundet: Oberschenkeldurchschuss. Der Wundherd heilte nie aus, bis zu seinem Lebensende litt Rüdiger an plötzlich ausbrechenden septischen Fieberanfällen, immer wieder fesselten sie ihn, oft wochenlang, ans Bett. Es ist charakteristisch für ihn, dass er trotz dieser schweren Behinderung später versuchte, bei der amtsärztlichen Einschätzung als Kriegsversehrter eine möglichst geringe Einstufung zu erlangen. Auf keinen Fall wollte er dem Staat mit einer hohen Kriegsversehrtenrente zur Last fallen.

2 Viele wertvolle Informationen zu Rüdiger Schleicher habe ich erhalten bei Uwe Gerrens, Rüdiger Schleicher. Leben zwischen Staatsdienst und Verschwörung, Gütersloh 2009.

Dem Staat dienen, einen Beitrag zum Wohl der Gemeinschaft leisten – das war für Rüdiger der selbstverständliche Sinn seines bürgerlichen Lebens. Es hatte wahrscheinlich auch mit dieser Haltung zu tun, dass er sich entschloss, Rechtswissenschaften zu studieren. Als Jurist meinte er, am ehesten einen Beitrag für das Gemeinwohl leisten zu können. Das Recht erst ermöglichte Gemeinschaft. Diese Einstellung war nun nicht mit einer nationalistischen oder konservativen Einstellung verbunden, wie man vielleicht annehmen könnte, wenn man die weit verbreitete, allzu pauschale Etikettierung der Gruppierungen und Personen des 20. Juli 1944 als „national-konservativ" kennt. Schleicher selbst bezeichnet sich während des Studiums einmal als „süddeutschen Liberalen". Eine genauere Auseinandersetzung mit seinem Denken zeigt aber, dass auch diese Einordnung nicht zutrifft. Wenn man seine Briefe genau liest und sich anschaut, was er gelesen und wie er seine Lektüre beurteilt hat, dann wird deutlich, wie sehr schon der Student davon überzeugt war, dass es weniger individuelle Interessen als Tugenden und Gemeinsinn sind, die einen politischen Verband zusammen halten. Schleicher kann als Exponent jener national-kommunitären Kultur bezeichnet werden, die von der idealistischen Philosophie über Teile des Frühliberalismus bis hin zu den Radikalen der 1848/49er Revolution, Teilen der Nationalliberalen und hin zu intellektuellen Gestalten wie Max Weber und Friedrich Naumann reicht.[3] Insbesondere mit Friedrich Naumann, dem Gründer des National-Sozialen

3 Zur national-kommunitären Kultur vgl. ausführlicher Tobias Korenke, Historiker und der Nationalsozialismus. Anmerkungen aus Anlass eines Briefwechsels zwischen Gerhard Ritter und Wilhelm Mommsen, in: Othmar Nikola Haberl/Tobias Korenke (Hrsg.), Politische Deutungskulturen. Festschrift für Karl Rohe, Baden-Baden 2000, S. 212–227; Tobias Korenke, Grenzüberschreitungen: Carl Goerdelers Widerstand gegen die Judenverfolgung, in: Ekkehard W. Stegemann/Klaus Wengst (Hrsg.), „Eine

Vereins, hat sich Schleicher seit seinem Studium intensiv beschäftigt. Das Ziel Naumanns, die Arbeiterschaft für Staat und Nation zu gewinnen, teilte Schleicher voll und ganz. Er suchte den Austausch mit Sozialdemokraten und forderte eine größere Aufgeschlossenheit der Kirche gegenüber der SPD. Selbst trat er der Deutschen Demokratischen Partei (DDP) bei, die die Weimarer Republik voll und ganz bejahte. Die Krisen der Republik verfolgte er mit großer Sorge. „Der niederträchtige Mord Rathenaus", schrieb der Berliner Doktorand am 30. Juni 1922 an seine Stuttgarter Großmutter, „hat hier wieder eine etwas bewegte Atmosphäre geschaffen; Dienstag Nachmittag war überall frei, auch bei den Behörden. Die Beisetzung war feierlich, ich stand am Reichstag."

Rüdiger schloss sein Studium 1919 in Tübingen ab, machte sein Referendariat in Stuttgart und hängte eine Promotion an. Sein Thema: „Das internationale Luftrecht". Das war damals ein geradezu avantgardistisches Rechtsgebiet. Das Gutachten seines Doktorvaters monierte, dass Schleicher sich so gut wie gar nicht mit der fachwissenschaftlichen Literatur auseinandergesetzt habe. Kaum zu glauben bei einer Promotion. Laissez faire war eigentlich nicht sein Ding und so gar nicht vorgesehen in der protestantischen Leistungsethik, zumal in ihrer schwäbischen Ausprägung. Man kann es eigentlich nur mit fehlender Zeit erklären. Zum einen hatte er während seiner Promotionszeit einen Job: Nach einigen Monaten im württembergischen Staatsdienst ist er 1922 als Berichterstatter für Reichstagsangelegenheiten beim Reichsverband für Handel und Gewerbe nach Berlin gegangen, um bald in die Luftfahrtabteilung des Verkehrsministeriums zu

Grenze hast Du gesetzt". Edna Brocke zum 60. Geburtstag, Stuttgart 2003, S. 349–364. In diesem Essay S. 54ff.

wechseln. Viel wichtiger aber war: Er hatte sich verliebt und verbrachte jetzt so viel Zeit wie möglich mit Ursula Bonhoeffer.

Da kommt nun also meine Großmutter ins Spiel: Sie war das vierte von acht Kindern und die älteste Tochter des Psychiaters Karl Bonhoeffer und seiner Frau Paula, geborene von Hase. Geboren wurde sie 1902 in Breslau, wo ihr Vater damals Privatdozent war. Erst 1912, als Karl Bonhoeffer den Ruf auf eine Professur für Neurologie und Psychiatrie an der Charité annahm, zogen sie nach Berlin. Ihr Breslauer Elternhaus steht noch, ganz in der Nähe der Jahrhunderthalle. Bonhoeffer-Kenner aus Wrocław haben dort eine Gedenktafel angebracht.

Ich finde, schon auf den bekannten Familienbildern der acht Bonhoeffer-Kinder fällt meine Großmutter auf – weil sie besonders schön war. Und schön blieb sie bis ins hohe Alter. Sie hatte wunderbare Haare, die auch im Alter noch schwarz waren, und große dunkle, warme, sanfte Augen. Ihre Haut kam mir immer glatt und durchscheinend vor. Und – hier spricht der Enkel – sie roch unübertroffen gut, ich habe diese sanfte Mischung aus Pears-Seife und Eau de Cologne und wahrscheinlich irgendeinem Puder noch immer in der Nase. Ob mein Großvater diesen Geruch auch so mochte?

Auf jeden Fall muss Rüdiger die entschiedene, klare Art von Ursula gefallen haben. Meine Großmutter hasste es, drum herum zu reden. Sie sprach aus, was sie dachte und forderte das auch von ihren Kindern und später auch ihren Enkeln ein. Sie hatte einen wunderbaren trockenen Humor, der Spott und Lästerei durchaus mit einschließen konnte. Und sie liebte die Musik. Sie hatte eine schöne Stimme. Ich erinnere mich noch gut, wie sie sang, auch wenn es in meiner Kindheit nur ganz selten vorkam: Lieder von Schubert, Beethoven, Brahms. Dann stand sie am Flügel in ihrem schwarzen Samtkleid mit der goldenen Bordüre, ihre Haut hatte einen leicht geröteten Ton. So zart und zerbrechlich sie war, die Lasten, die ihr das Leben en masse aufgebürdet hatte, waren nicht mehr zu erkennen. Wenn sie sang, dann wurde sie zum jungen Mädchen, dann wirkte sie frei.

Ursula wuchs in wohlhabenden Verhältnissen auf. Erzieherinnen, Hausmädchen, Privatlehrer, Musikunterricht – all das war selbstverständlich. Die zweifellos privilegierten Verhältnisse waren aber auch gekoppelt an soziale Verantwortung. So wurde Ursula, als sie 16 Jahre alt war, von ihrer Mutter für einige Jahre nach Breslau geschickt, um eine inzwischen verheiratete frühere Haushaltshilfe zu vertreten, die sich in dieser Zeit bei Bonhoeffers in Berlin erholen sollte. Sieben kleine Kinder und ein Mann, der sich als Trinker erwies, waren zu versorgen. Sie schrieb später einmal, wie anstrengend diese Zeit war, wie befriedigend aber auch. Heute würde man „Empathie" sagen, früher sprach man von Mitgefühl – dieser ausgeprägte Charakterzug meiner Großmutter war die Wurzel ihres sozialen Verantwortungsgefühls. Es war ihr wichtig, denjenigen zu helfen, die es nicht so gut hatten wie sie selbst. Sie hatte ein Gespür für die Ungerechtigkeit der Verhältnisse – und konnte und wollte sie nicht ertragen. Wohl auch deshalb wurde sie Fürsorgerin, heute würde man das „Sozialarbeiterin" nennen. Ich kann mich noch gut erinnern, wie sie uns Enkeln von ihren Erfahrungen in der Fruchtstraße in Berlin-Friedrichshain berichtete, wohin sie täglich aus dem schönen Grunewald aufbrach, um sozial schwachen Familien zu helfen. Wie schwierig die Verhältnisse dort wirklich waren, habe ich freilich erst bei späteren Recherchen festgestellt. Eine Studie berichtet von gewerblicher Prostitution. Davon hätte meine Großmutter uns nie erzählt …

Rüdiger wurde schnell in den großen Familienkreis der Bonhoeffers aufgenommen. Sein Geigenspiel hat das Entree gewiss erleichtert. Alle Bonhoeffers spielten ein Instrument, jetzt freuten sie sich über einen besonders virtuosen, besonders sensiblen Mitspieler. 1923 heirateten mein Großvater und meine Großmutter.

Die Welt der Bonhoeffers ist heute nur noch schwer zu verstehen. Auch für mich wirkt vieles von dem, was dazu in der Familie kolportiert wird und man in der Literatur findet, allzu heil und schön. Es gibt ja inzwischen eine regelrechte Bonhoeffer-Kitsch-Literatur. Ein besonders hübsches Beispiel dafür ist das Buch „Weihnachten im Hause Bonhoeffer" – eines der meist verkauften Bücher im Bonhoeffer-Kontext.[4] Die Bonhoeffer-Story auf Groschenroman-Niveau. Seltsam, dass es ausgerechnet von der Zwillingsschwester Dietrichs, der klugen Sabine, geschrieben wurde.

Fest steht aber: Die Angehörigen dieser Familie waren eng miteinander verbunden. Auch wenn es Einzelne immer wieder aus Berlin wegzog – die Hauptstadt, erst Grunewald, dann das Westend, blieb ihr Zentrum. Schleichers wohnten ab 1934 direkt neben Ursulas Eltern in der Marienburger Allee. Dietrich Bonhoeffer lebte die meiste Zeit in diesem Haus seiner Eltern. Klaus Bonhoeffer und seine Familie hatten ein Haus im selben Viertel bezogen. Die in der Literatur so häufig gebrauchte Beschreibung als „bildungsbürgerlich-akademisches Milieu" trifft die Sache nur zu Teilen. Der familiäre Austausch über Politik, naturwissenschaftliche, theologische und auch künstlerische Fragen muss in der Tat aufregend gewesen sein. Es war viel los: Der junge Theologe Dietrich Bonhoeffer, der früh zu Ruhm gekommene Physiker Karl-Friedrich Bonhoeffer, der Jurist Klaus Bonhoeffer bewegten sich in ihren jeweiligen Arbeitsgebieten am Puls der Zeit. Das galt auch für die Rechtswissenschaftler Hans von Dohnanyi und Gerhard Leibholz sowie Pfarrer Walter Dress, die Schwestern Ursulas geheiratet hatten. Sie waren neugierig aufeinander, ständig im Gespräch miteinander.

---

4 Sabine Leibholz-Bonhoeffer, Weihnachten im Hause Bonhoeffer, 13. Aufl. (!) Gütersloh 2005.

Aber es war noch etwas anderes, was die Familie eng zusammenrücken ließ. Gewiss war eine selbstverständliche, im Familienkreis übrigens kaum explizit thematisierte, christliche Grundierung wichtig. Vielleicht lässt sich der Umgang miteinander aber am besten mit der Musik, die in der Familie so lebendig war, beschreiben: Selbstlosigkeit, gegenseitiges Entgegenkommen und Unterstützen, aufeinander hören, vom anderen lernen wollen – nur mit diesen Fähigkeiten entsteht gelungenes Zusammenspiel. Von diesen Fähigkeiten – und das sind Fähigkeiten, die einem nicht in die Wiege gelegt werden, sondern die man erlernen kann – muss auch der Umgang im Kreise der Bonhoeffers und ihrer Freunde, zu denen Ernst von Harnack, Justus Delbrück oder auch Erwin Planck gehörten, geprägt gewesen sein. Das heißt nicht, dass der Umgang konfliktfrei war. Ganz und gar nicht: Es muss immer wieder zu harten, temperamentvollen Auseinandersetzungen gekommen sein. Aber es gab einen tragenden Grundton.

Die Familie war politisch nicht übermäßig interessiert und schon gar nicht engagiert. Ich glaube nicht, dass sie Politik wie in bürgerlichen Kreisen üblich für ein schmutziges Geschäft, an dem man sich nicht beteiligte, hielt. Aber politisches Denken, vor allem in der politics-Dimension, der Durchsetzung politischer Ziele also, war ihnen fremd. Da waren sie sehr typisch für bürgerliche Familien des frühen 20. Jahrhunderts. Genau hier liegt ja auch eine Ursache dafür, dass extremistische Kräfte sehr leicht Raum gewinnen und ihre Ziele durchsetzen konnten. Als das geschah, stimmte die Familie weitgehend überein. Lange vor 1933 hatte jeder in der Familie die Nazis abgelehnt. Die „Machtergreifung" und die weite Teile der Bevölkerung beseelende Aufbruchsstimmung änderten daran nichts. Gerhard Leibholz, der Ursulas jüngere Schwester – Dietrichs Zwillingsschwester – geheiratet hatte, musste 1938 wegen seiner jüdischen Herkunft mit seiner Familie Deutschland verlassen. Klaus und Dietrich Bonhoeffer, Hans von Dohnanyi und eben auch Rüdiger Schleicher entschieden sich für die Opposition. Ich habe mich manchmal gefragt, ob mein Großvater in diesem Umfeld eigentlich die Wahl hatte, nicht in die Konspiration zu gehen. Als Nazi zumindest hätte er keinen Platz in dieser Familie gehabt.

Den Schleichers blieben zehn vergleichsweise friedliche Jahre, bis der Nationalsozialismus über sie hereinbrach. Vier Kinder kamen zur Welt. Es gab Feste im Freundes- und Familienkreis, gemeinsam verbrachten sie die Ferien in Schwaben oder im Bonhoefferschen Ferienhaus in Friedrichsbrunn. Meine Mutter, 1930 geboren, berichtet von einer wunderbaren Kindheit, die die Eltern offenbar auch noch in die Zeit der Diktatur hinüberretten konnten. Für sie und ihre Geschwister gehören zum Schatz ihrer frühen Erinnerungen unter anderem das gemeinsame Musizieren, das Lesen von Theaterstücken in verteilten Rollen, gemeinsame Besuche im Theater, Konzert und Museum, die Feste im großen Familien- und Freundeskreis.

Beruflich tat sich Rüdiger Schleicher längere Zeit schwer. Nach einer anregenden Station in der Deutsch-Amerikanischen Schiedskommission verbrachte er ein halbes, offenbar überaus langweiliges Jahr bei der Reichsbahn in Altona, um dann als Amtmann in die württembergische Verwaltung zurück nach Stuttgart zu gehen. Der Job war nicht wirklich aufregend, aber immerhin war er in Schwaben, seiner geliebten Heimat. Als sich 1927 die Möglichkeit ergab, als Regierungsrat wieder in die Luftfahrtabteilung des Reichsverkehrsministeriums zu wechseln, nahm er diese Chance dankbar an.

Sehr bald nach der Machtübertragung an die Nationalsozialisten wurde die Luftfahrtabteilung in das neu gegründete Reichsluftfahrtministerium überführt. Rüdiger, dessen staatsorientiertes, national-kommunitäres Ethos einen Wechsel in die

Privatwirtschaft undenkbar erscheinen ließ – er hatte das gute Angebot einer Privatbank abgelehnt –, blieb im Amt. Um es bleiben zu können, trat er am 1. Mai 1933, dem letztmöglichen Termin vor einer mehrjährigen Aufnahmesperre, der NSDAP bei. Rüdiger muss dieser Schritt sehr schwergefallen sein. Offenbar ist er im Familienkreis eingehend erörtert worden. Besonders Klaus Bonhoeffer soll zugeraten haben. Im vollen Bewusstsein der Problematik sagte Schleicher später, er würde wieder so handeln, weil er dadurch manches Schlimme hätte verhindern können. Fast zwölf Jahre später, vor dem Volksgerichtshof, wurde der Eintritt als besonders gravierender, belastender Umstand bewertet. Er sei ein „ausgemachter Gesinnungslump" hieß es da.

Mit dem Wechsel ins Reichsluftfahrtministerium begann eine Zeit der ständigen Gewissenskonflikte. Schleicher, im Herbst 1934 zum Ministerialrat befördert, leitete die Rechtsabteilung des Ministeriums. In seinen Veröffentlichungen, so etwa in dem von ihm verfassten Luftrechtskommentar (der übrigens bis heute weitergeführt wird), konzentrierte er sich fast ausschließlich auf das zivile Luftrecht. Zwei Jahre war er aber auch für die Luftwaffenjustiz verantwortlich. Eine Berufung an das Kriegsgericht lehnte er ab, weil er die Entwicklung in der Militärjustiz missbilligte. Im August 1939 wurde ihm die Leitung der Rechtsabteilung wieder abgenommen. Das Verhältnis zwischen Schleicher und Hermann Göring, dem für die Luftfahrt verantwortlichen Minister, war von Beginn an gespannt gewesen; von seinem Recht als Abteilungsleiter, persönlich beim Minister vorzutragen, machte Schleicher zum Beispiel nie Gebrauch. Offenbar hatte er allzu häufig rechtliche Bedenken gegen einzelne Gesetzentwürfe geäußert, um als politisch „zuverlässig" zu gelten. Und außerdem – manche Quellen legen hiervon in bedrückender Weise Zeugnis ab – konnte er mit den Intrigen und Machtkämpfen im Ministerium nicht umgehen. Das wollte er einfach nicht: aus dem Hintergrund Strippen ziehen, Stimmung machen, sich selbst auf Kosten anderer positiv in Szene setzen. Bald wollte man ihn nicht länger haben. Er wurde abgeschoben – auf eine Honorarprofessur für Luftrecht an der Berliner Universität, wo er gleichzeitig die Leitung des Instituts für Luftrecht übernahm.

Die Situation muss ihn wahnsinnig bedrückt haben. Was für eine berufliche Perspektive konnte es für ihn in einem Staat geben, dessen Recht mehr und mehr unterhöhlt wurde? Rüdiger Schleichers Vorstellung vom Staat als Wahrer des Rechts und der Ethik hatte nichts mit der Realität des NS-Staates zu tun. Das war der Grund, warum er, der von seinem Charakter her für die Konspiration denkbar ungeeignet war – weil ihm das Verstellen schwer fiel, er nicht lügen konnte, ihm das Leben im „Graubereich“ kaum erträglich war – sich dem Widerstand öffnete. Aus eigener Anschauung, aber auch aus dem Familien- und Freundeskreis wusste er viel über den Nazi-Terror. Sehr genau hatte er die Judenverfolgung wahrgenommen. Zahlreiche jüdische Freunde, darunter auch sein Schwager Gerd Leibholz, hatten unter der Verfolgung zu leiden. Wo er es nur konnte, half er jüdischen Bekannten. Sein Schwager Hans von Dohnanyi, der schon früh mit der Sammlung von Dokumenten über NS-Verbrechen begonnen hatte, hielt ihn über die weniger sichtbaren Rechtsbrüche auf dem Laufenden.

Es war für Schleichers selbstverständlich, sich der Bekennenden Kirche anzuschließen, auch wenn ihnen hier einiges allzu orthodox vorkam. Die Familie ging „selbstverständlich“ nach Dahlem zum Gottesdienst, gerade auch 1938 in den Protestgottesdienst nach der Verhaftung des dortigen Pfarrers Martin Niemöller. Meine Mutter wurde hier konfirmiert.

Für die Opposition begann Rüdiger das zu tun, was er vielleicht am besten konnte: Menschen zusammenführen, kommunizieren.

Im Schleicherschen oder dem benachbarten Elternhaus der Bonhoeffers, immer wieder auch in seinem Institut, das besonders verkehrsgünstig am Leipziger Platz in der Mitte Berlins gelegen war, fanden konspirative Meetings statt. Gemeinsam mit Klaus Bonhoeffer arrangierte er beispielsweise wiederholt Treffen mit Louis Ferdinand von Preußen, den man als einigendes Element nach einem Umsturz zu gewinnen hoffte, und unterschiedlichen Oppositionellen, unter ihnen Joseph Wirmer, Ewald Kleist-Schmenzin und Ulrich von Hassell. Im Institut führte er Adam von Trott zu Solz aus dem Auswärtigen Amt mit Friedrich Justus Perels, dem Justiziar der Bekennenden Kirche, Heeresrichter Sack und Klaus Bonhoeffer zusammen. Schleicher stand im Austausch mit Ernst von Harnack, der sich wiederum mit Carl Goerdeler, dem Gewerkschaftsführer Leuschner und dem ehemaligen SPD-Reichstagsabgeordneten Julius Leber traf. Er nahm jetzt alte Stuttgarter Kontakte wieder auf, unter anderem mit Eugen Bolz und Robert Bosch. Immer ging es darum, die personelle Basis für die Zeit nach einem Umsturz zu verbreitern. Er deckte konspirative Reisen seines Assistenten Hans John, der wiederum über seinen Bruder Otto John mit zahlreichen Verschwörern in Kontakt stand. Und nicht zuletzt half er Bedrängten und Verfolgten, wo er nur konnte.

Ich bin sicher: Er selbst hätte für diese Aktivitäten nicht das Wort „Widerstand“ gefunden. Der Begriff ist nicht nur viel zu pathetisch, er postrationalisiert auch seine Handlungen. Für ihn war es nichts Spektakuläres, was er tat. Es waren Selbstverständlichkeiten, „Konsequenzen des Anstands“ gewissermaßen. Er handelte nur deshalb so, weil Ursula ihn dabei stützte und unterstützte. Sie war in alles eingeweiht. Mit ihr besprach er die wichtigsten Fragen, die ihn umtrieben. Sie stellte ihr Haus für Besprechungen zur Verfügung, auch wenn ihr Mann im Dienst war. Wäre seine Frau dagegen gewesen, er hätte, da bin ich ganz sicher, alle oppositionellen Aktivitäten sofort eingestellt. Ursula war sich der Gefahren durchaus bewusst. Sie ermunterte ihn aber und hielt ihm den Rücken frei, wo immer sie es konnte. Auch in der Konspiration waren sie ganz aufeinander bezogen – so fremd ihnen alles Konspirative auch war.

Ursulas mitfühlende und zupackende Art kam jetzt verstärkt Verfolgten zu Gute. Sie half, wo immer sich Not zeigte. Sie stand den jüdischen Bekannten von Anna, der wunderbaren Haushaltshilfe über Jahrzehnte hinweg, bei. Sie beschäftigte mit dem Judenstern Gebrandmarkte in ihrem Haus und tat, was ihr möglich war, um Verfolgten das Leben zu erleichtern. Um ihnen zu zeigen, dass sie nicht von allen verstoßen und vergessen waren. Sie griff zu, als die jüdische Freundin einer Freundin Hals über Kopf den Weg in die kaum mehr zu verschleiernde Deportation vorbereiten musste.[5]

Und sie ließ sich auch in der Diktatur nicht den Mund verbieten. Gestützt auf ihre gute Menschenkenntnis, äußerte sie sich immer wieder erstaunlich offen über ihre Einstellung zum Regime. Überliefert wird in der Familie zum Beispiel, wie sie der Frau des Blockwarts antwortete als diese sich bei ihr beklagte, dass es ihrem siebenjährigem Sohn „wegen seines feinen rassischen Empfindens" nicht zugemutet werden könne, zusammen mit einem kleinen jüdischen Mädchen in die Schule gebracht zu werden: Ursula empfahl, den empfindlichen Sohn doch lieber selbst zur Schule zu bringen.

Nach der Verhaftung Dietrich Bonhoeffers und Hans von Dohnanyis im März 1943 intensivierten sich Schleichers konspirative Aktivitäten. So war er jetzt in die Entwicklung von Plänen für die Aufrechterhaltung der zivilen Luftfahrt in der Zeit nach dem Staatsstreich eingebunden. Im Falle eines gelungenen

5 Vgl. Eberhard Bethge, Grabrede Ursula Schleicher, in: Ders., Erstes Gebot und Zeitgeschichte, München 1991, S.120–126, S. 122.

Staatsstreichs hätte man ihn wohl mit der Neuordnung der zivilen Luftfahrt betraut. Als das Attentat auf Hitler am 20. Juli 1944 scheiterte und viele Freunde, Verwandte und Bekannte, die an den Umsturzversuchen in irgendeiner Form beteiligt waren, verhaftet wurden, war meinen Großeltern bewusst, dass Rüdiger in großer Gefahr war. Was hätte er tun sollen? Fliehen oder untertauchen und damit seine Frau und seine Kinder in Gefahr bringen? Das war für ihn völlig ausgeschlossen. Freitod, um im Falle der Verhaftung nicht dazu gezwungen zu werden, Aussagen zu machen, die die anderen Verschwörer belasten? Wie müssen meine Großeltern in dieser Zeit gerungen haben um den richtigen Weg. Aber auch die Gefahr hielt sie nicht davon ab, das für sie Selbstverständliche zu tun. Als Deta von Hase, die Witwe des wegen Beteiligung am Attentat hingerichteten Paul von Hase, gerade aus dem Gefängnis entlassen, mit ihren Kindern vor der Tür stand, weil ihr Haus beschlagnahmt war und alle sie ablehnten, war es für Schleichers klar, dass sie sie aufnehmen würden. Der jüngste Sohn Friedrich-Wilhelm von Hase kann sich noch erinnern, dass mein Großvater die Tür mit den Worten geöffnet habe: „Es ist mir eine Ehre."

Am 4. Oktober 1944 wurde Rüdiger Schleicher dann selbst verhaftet. Aussagen und Aktenfunde nach dem Attentat des 20. Juli hatten die Gestapo auf ihn aufmerksam werden lassen. Es begannen quälende Wochen und Monate im Gefängnis Lehrter Straße. In den harten Verhören ist es ihm gelungen, viele seiner Verbindungen im Verborgenen zu halten. Seine ablehnende Haltung gegen das Regime begründete er laut den Kaltenbrunner-Berichten – das sind die Protokolle des SD aus den Verhören – damit, dass er sich „nicht mit den scharfen Entjudungen und den scharfen Maßnahmen gegen Staatsfeinde (Inschutzhaftnahme, Einweisung in Konzentrationslager) sowie dem Vorgehen gegen die Kirche befreunden" konnte.

Meine Großmutter bewegte nun alles, was ihr zur Verfügung stand, um ihrem Mann zu helfen. Sie setzte sich aber auch mit ganzer Kraft für die anderen Inhaftierten aus der Familie ein. Für ihre Brüder Dietrich und Klaus, für ihre Schwester Christel, die auch einige Wochen in Haft saß, und deren Mann Hans Dohnanyi, für ihren Schwiegersohn Eberhard Bethge, der kurze Zeit nach Rüdiger verhaftet worden war. Dabei spielte das Essenbringen eine große Rolle. Davon berichtete Ursulas ältester Bruder Karl-Friedrich im Frühjahr, als er einsam in Leipzig und seine Familie in Friedrichsbrunn das Kriegsende überstanden hatten: „Vor all diesen Gefängnissen habe ich an den schweren Eisentoren gewartet [...] Dorthin habe ich Tante Ursel und Christel, Tante Emmi und Maria begleitet, die oft täglich hingingen, um Sachen zu bringen oder abzuholen [...] Ja, das Essenbringen! Es war nicht ganz einfach in den letzten Jahren und besonders Tante Ursel konnte sich da gar nicht genug tun. Sie magerte dabei zum Skelett ab. Es gab Tragödien, wenn Onkel Rüdiger das Essen wieder hinausschickte und sagen ließ, er hätte genug. Wer glaubte ihm das? Tante Ursel schickte es wieder hinein und es kam wieder zurück."[6]

Im Gefängnis entwickelte Rüdiger sehr bald wieder kommunikative Kraft. Er sprach mit den Wärtern, interessierte sich für ihr Leben, baute Beziehungen zu ihnen auf, war unter dem Wachpersonal sehr beliebt. Viele der Mithäftlinge kannten Rüdiger bald als den „Geiger". Kurz vor Weihnachten 1944 hatte er seine Violine ins Gefängnis bringen lassen dürfen – im Gefängnis ein Ereignis ohnegleichen. Die Wärter öffneten immer wieder seine Zellentür, so dass der Ton durch den ganzen Flügel schallen

6 Karl-Friedrich Bonhoeffer für seine Kinder, Leipzig Juni 1945, Zit. nach Eberhard Bethge/Renate Bethge, Letzte Briefe im Widerstand. Aus dem Kreis der Familie Bonhoeffer, Gütersloh 2005, S. 130f.

konnte. Die Posten wünschten sich Lieder und Schlager. Und Rüdiger spielte die alten Volkslieder und moderne Songs. Eberhard Bethge, der auch in der Lehrter Straße inhaftierte Schwiegersohn, erinnert sich: „Dann gab es ganze Unterrichtsstunden, in denen er ungarische oder slowakische Lieder lernen wollte, um sie täglich beim Dienst der betreffenden Wache zu spielen. Gelegentlich schloss einer die Zellen von Klaus [Bonhoeffer] daneben und meine oben gegenüber auf. Der Vater spielte im Türrahmen, und zur Begeisterung aller Zuhörer pfiff Klaus dazu."[7] Was für eine Szene, in einem der übelsten Nazi-Gefängnisse, im Jahr 1944!

Rüdiger Schleicher wurde vor dem Volksgerichtshof angeklagt und am Abend des 2. Februar 1945 wegen Mittäterschaft am Attentat zum Tode verurteilt. Wenige Tage nach dem Urteil schreibt Ursula Schleicher ihrem Sohn, der zu der Zeit bei der Luftwaffe war, einen Brief, der die dramatische Situation beleuchtet, vor allem aber viel über ihre eigene Haltung sagt. Ich will daraus etwas ausführlicher zitieren:

> „Freisler hat am 2.2. Vater, Onkel Klaus, Hans John und Friedrich Justus Perels zum Tode verurteilt, Ernst von Harnack einen Tag vorher […] Ich war am 3. früh beim Volksgerichtshof und habe dem Oberreichsanwalt gesagt, dass sie unschuldiges Blut vergießen, wenn das Urteil vollstreckt würde, und dass das gerächt würde. Er sagte ‚Gnädige Frau, ich verstehe Ihre Erregung, möchte aber solche Worte hier nicht hören'; ich sagte: ‚Das glaube ich, aber es ist so!' Darauf kam Vollalarm. Ich ging in Vaters Institut in den Keller. Es kam dieser fürchterliche Angriff. Obwohl bei uns das Hinterhaus abgerissen wurde und Bombe auf Bombe fiel – alles schwankte, der Stuck fiel ab, Wasser kam in den Nebenkeller – hat mich noch nie ein Angriff so kalt gelassen; ich dachte nur,

7 Zit. nach Gerrens, S. 196.

wenn es nur die Richtigen träfe! […] Das einzige, was helfen kann, ist Zeit gewinnen. Dass Deutschland nun noch mit Gewalt um solche Männer gebracht werden soll wie Vater einer war, ist nicht zu glauben und eine Schande für die führenden Männer […]".

Und weiter berichtet Ursula vom Besuch bei ihrem Mann wenige Tage nach dem Todesurteil: „Er war ruhig, gefasst und sagte, es sei ein Egoismus, aus dieser jetzigen Welt zu gehen, schwer wäre es ihm nur, uns zurückzulassen. […] Ich war ganz ruhig als ich Vater gesehen hatte, nun soll man ja alle acht Tage Sprecherlaubnis kriegen. […] Für Dich ist es am schwersten, denn Du musst allein mit diesem Leid fertig werden. Aber stolz kannst Du auf Deinen Vater sein, und dieses Bewußtsein stärkt uns, denn von dem Gericht, das Vater verurteilte, ist keiner wert, ihm die Schuhriemen zu lösen; aber sie sind verblendet und können nichts dafür; sie wissen nicht, was menschliche Größe ist. […] Behalte Deinen Glauben trotz allem, er gibt uns Kraft und Zuversicht und verbindet uns."[8]

Ursula ließ nichts unversucht, um ihren Mann zu retten. Sie suchte und fand viele Menschen, die Gnadengesuche einreichen oder das Gericht beeinflussen konnten. Es war alles vergebens. Wenige Tage vor der Befreiung durch die Alliierten, in der Nacht vom 22. auf den 23. April 1945, wurde Rüdiger Schleicher durch Genickschuss von der SS ermordet. Mit ihm starben sein Schwager Klaus Bonhoeffer und seine Freunde Hans John und Friedrich Justus Perels. Wenige Tage später erfuhr Ursula Schleicher, dass auch der Bruder Dietrich und der Schwager Hans von Dohnanyi ermordet worden sind.

8 Ursula Schleicher an Hans-Walter Schleicher, Marienburger Allee 42, 9.2.1945, in: Bethge, Letzte Briefe, S. 27f.

Wie wird man mit so einem Verlust fertig? Und wie geht man mit dem Wissen darum um, dass die Liebsten im eigenen Land von „Landsleuten" umgebracht worden sind? Wie konnte man in einem Land weiterleben, in dem die „Mörder unter uns" sind, um den bekannten Filmtitel von Wolfgang Staudte zu zitieren?

Ich weiß es nicht. Meine Großmutter, am Kriegsende gerade mal 43 Jahre alt, muss in den ersten Jahren nach dem Krieg auf der Kippe gestanden haben. Es waren ihre Kinder und ihre alten Eltern, für die sie ihr Leben weiterführte, die sie am Leben hielten. Umgekehrt war es ihr Vater, der sich um die materielle Seite kümmerte und mit 78 Jahren, eigentlich längst pensioniert, als Arzt in den Wittenauer Heilstätten eine Position annahm, um die vier vaterlos gewordenen Familien zu unterstützen. Er arbeitete hier bis zu seinem Tode 1948.

Alles war jetzt anders. Nichts wurde wieder so wie es einmal war. Kein Zweifel, meine Großmutter hat die Ermordung ihres Mannes, die Ermordung ihrer engsten Verwandten nie überwunden. Ihre Erfahrung, was Menschen Menschen antun können, hat sie tief geprägt. Sie hat gelernt, damit zu leben. Irgendwie.

Zunächst „funktionierte" sie. Jetzt ging es um den Wiederaufbau ihres Hauses, das noch im sogenannten Endkampf um Berlin von einer Bombe zerstört worden war. Sie brauchte doch ein Dach über dem Kopf für sich und ihre Kinder. Und dann tat sie das, was sie immer getan hatte. Sie sorgte sich um die große, ständig wachsende Familie und half denen, die es nötig hatten – gerade auch denjenigen, die ein ähnliches Schicksal mit ihr teilten. Kaum eine Feier zum 20. Juli versäumte sie in Berlin – hier traf sie Menschen, denen es ähnlich ging wie ihr, die wussten, was passiert war, ohne dass man lange etwas erklären musste.

Allmählich erklang in ihrem Haus auch wieder Musik und es wurden sogar Feste gefeiert. Ihr altes Interesse an Politik erwachte, immer hatte sie ein Herz für sozial Schwache. Sie, die von

Herkunft und Habitus weit entfernt von den Sozialisten war, gab ihre Stimme immer den Sozialdemokraten. Zu meinen frühen Kindheitserinnerungen gehört, wie ich aus der Schule kam und meine Großmutter gebannt vor dem Fernseher saß: Sie verfolgte das Misstrauensvotum gegen Willy Brandt (1972) und war sehr erleichtert, dass es fehlschlug. Willy Brandt gehörte irgendwie dazu. Er war aufgrund seiner Geschichte unverdächtig – anders als so viele Funktionäre der CDU und vor allem der FDP. Solche unbelasteten, klaren Menschen waren wichtig. In einem Land, in dem sich die große Mehrheit der politischen und der kulturellen Elite dem Nationalsozialismus verschrieben hatte, war ein Kanzler, der am Denkmal für die im Warschauer Ghetto ermordeten Menschen in die Knie ging, eine Hoffnung. Eine Hoffnung für ein besseres Deutschland.

Nach dem Bau der Mauer zog meine Großmutter weg von Berlin, baute ein kleines Haus in Reinbek bei Hamburg ganz in der Nähe von Freunden. 20 Jahre lang wurde es wieder zum Zentrum der Familie und ein Ort, an dem viele Menschen ihr Urteil und ihren Rat suchten oder einfach ihre Nähe. Sie liebte ihre Enkel – und wir liebten unsere „Großmama". Wir spielten miteinander, saßen zusammen in ihrem schönen Garten, ernteten Äpfel und machten gemeinsam Apfelmus und Apfelsaft daraus. Und wir diskutierten heftig über Gott und noch heftiger über die Welt. Und stets spürten wir: Da ist eine tiefe Wunde, die nur ganz oberflächlich verheilt ist. Im Oktober 1983 starb Ursula Schleicher, 81-jährig, im Kreise ihrer Kinder in ihrem Haus in Reinbek.

In Sonntagsreden zum 20. Juli heißt es immer wieder, der Widerstand gegen den Nationalsozialismus habe dazu beigetragen, die „Wiederaufnahme Deutschlands in die Völkerfamilie" zu erleichtern. Ich bin nicht so sicher, ob das stimmt. Der Kalte Krieg und die Integration der beiden deutschen Staaten in die Machtblöcke haben da sicherlich mehr bewirkt. Immer wieder wird auch der moralische Wert des Widerstands betont. Und dabei dann das berühmte Wort Henning Tresckows zitiert, dass das Attentat stattfinden müsse, auch wenn es keinen Erfolg haben würde: „Das Attentat muss erfolgen, coûte que coûte. Denn es kommt nicht mehr auf den praktischen Zweck an, sondern darauf, daß die deutsche Widerstandsbewegung vor der Welt und vor der Geschichte unter Einsatz des Lebens den entscheidenden Wurf gewagt hat. Alles andere ist daneben gleichgültig."[9]

Was in Sonntagsreden meistens nicht gesagt wird ist, dass der Preis, den die Männer und Frauen des Widerstands und ihre Familien gezahlt haben, sehr, sehr hoch war. Ich finde, man muss sich schon die – zugegebenermaßen unbequeme – Frage stellen, die sich meine Großmutter gewiss nie gestellt hat: War es das wert? Rüdiger Schleicher und drei weitere Männer der Bonhoeffer-Familie sind umgebracht worden, vier Frauen standen nun alleine da, neun halbwüchsige Kinder hatten keinen Vater mehr, der greise Großvater musste wieder arbeiten, um die Familien durchzubringen. Der Schmerz, die Trauer, die Verletzungen: Wofür?

In beiden deutschen Staaten gab es nur wenige Stimmen, die den Verlust dieser Menschen wirklich bedauerten. Wie auch, wenn nicht einmal ein Günther Grass, ein Peter Wapnewski, ein Walter Jens – von Gelehrten wie Martin Heidegger oder Wilhelm Mommsen ganz zu schweigen – es fertigbrachten, über ihre eigene Nähe zum Nationalsozialismus zu sprechen? Wäre es aber nicht großartig gewesen, wenn man Menschen aus dem Widerstand beim Aufbau dabei gehabt hätte? Wäre es vielleicht sogar ein anderes, ein besseres Land geworden? Aber schließlich hat sich ja auch kaum eine Institution um die Rückkehr der

9 Zit. n. Fabian von Schlabrendorff: Offiziere gegen Hitler. Neue, durchgesehene und erweiterte Ausgabe von Walter Bußmann. Berlin 1984.

Emigranten bemüht. Man war ganz froh, dass sie weg waren. Man wollte ungestört, „unter sich" bleiben. Saß auf ihren Stellen und spürte kaum einen Verlust. Das Jahr 1933 hatte eben nicht nur eine Vor-, sondern auch eine Nachgeschichte. Naiv ist, wer annimmt, all die Einstellungen und Haltungen, die den Nationalsozialismus erst ermöglicht haben, seien mit dem Zusammenbruch des „Dritten Reiches" plötzlich verschwunden. 1933 war und ist ein langes Jahr.

Als meine Großmutter – auch das gehört zu dieser Geschichte – noch mit vielen Schwierigkeiten zu kämpfen hatte, um die ihr zustehende Pension zu erhalten, bekam die Witwe Roland Freislers, also des Mannes, der ihren Mann zum Tode verurteilt hatte, schon lange Angestellten-, Kriegsopfer- und Schadensausgleichsrente. 1955, zehn Jahre nach Kriegsende, wurde Ursula Schleicher eine Pension – rückwirkend ab 1950 – bewilligt.

Nochmals die Frage: War es das wert? Eines weiß ich: Im Widerstand von Menschen wie Ursula und Rüdiger Schleicher zeigt sich der Kern des Menschseins: Die Freiheit, für den Mitmenschen zu handeln. „Das große Geschenk", so formulierte es einmal Rabbiner Albert Friedländer, „das uns durch die Männer [und Frauen] des Widerstands erreicht, ist der Beweis, dass Widerstand möglich war, genau in der Zeit, in der die große Mehrheit das Gift getrunken und sich unter die Diktatur gestellt hatte. Sie standen fast allein."[10]

Rüdiger und Ursula Schleicher haben diesen Geist vorgelebt. Sie konnten und wollten nur so leben.

---

10 Albert Friedlander, Dimensionen des Widerstandes, Vortrag des Rabbi an der Westminster Synagoge London und Direktors des Leo Baeck Colleges Professor Albert H. Friedlander Ph.D. am 19. Juli 1984 im Otto-Braun-Saal der Staatsbibliothek Preußischer Kulturbesitz, Berlin 1984, S. 3.

Schubladen öffnen: Widerstand „lesen"

„Sind wir noch brauchbar?"[11] Unter diese Frage stellte Dietrich Bonhoeffer den letzten Abschnitt einer Schrift, die er zur Jahreswende 1942/43 seinen Freunden überreichte. Zehn Jahre Nationalsozialismus lagen hinter ihm. Zehn Jahre, in denen er sehr genau den Weg zur totalitären Diktatur verfolgt hatte:

- die Gleichschaltung und Selbstgleichschaltung der deutschen Gesellschaft,
- die Ausgrenzung der Juden, ihre zunehmende Entrechtung und Verfolgung,
- die gleichzeitig wachsende Begeisterung für den „Führer" und seine Politik.

Dietrich gehörte zu den frühen Gegnern Hitlers. Bereits kurz nach der Machtübernahme war er mit den Nazis in Konflikt geraten. 1938 schlug er dann den Weg in die aktive Konspiration ein. Nach zehn Jahren Gegnerschaft gegen das Regime und fast fünf Jahren im aktiven Widerstand legte der damals 36-jährige protestantische Theologe nun Rechenschaft ab über sein Denken und Handeln im nationalsozialistischen Deutschland. Denn das „Vergessen können" sei zwar eine Gnade, schreibt er, doch

11 Dietrich Bonhoeffer, Nach zehn Jahren. Rechenschaft an der Wende zum Jahr 1943, in: Dietrich Bonhoeffer, Widerstand und Ergebung. Briefe und Aufzeichnungen aus der Haft, hrsg. von Christian Gremmels/Eberhard Bethge/Renate Bethge in Zusammenarbeit mit Ilse Tödt, Gütersloh (=DBW, Bd. 8) 1998, S. 19–39, S. 28.

gehöre das „Gedächtnis, das Wiederholen empfangener Lehren, zum verantwortlichen Leben."

Entstanden ist ein großartiger Text. Er dürfte in seiner analytischen Schärfe und Dichte unter den Quellen des Widerstands wohl einzigartig sein. Scharf umreißt er den Kern totaler Herrschaft und ihre deformierende und zerstörerische Wirkung auf den Menschen. Hellsichtig deutet er die kulturellen und mentalitätsgeschichtlichen Voraussetzungen des Nationalsozialismus. Vor allem aber beschreibt er eindringlich die Realitäten der Konspiration gegen den Nationalsozialismus:

- das Doppelleben, das jedes Erfolg versprechende widerständige Verhalten in der Diktatur charakterisieren musste, da es kaum möglich war, als Widersacher des Regimes etwas bewirken zu können, ohne Teil der mörderischen Maschinerie zu sein;
- die physischen und psychischen Gefahren der Konspiration, die Verstellung und Kompromisse an der einen „Front" erforderte, um an der anderen möglichst unbehelligt agieren zu können;
- die ethischen Konflikte, die mit der Opposition gegen das Regime einhergingen, da sie nie im luftleeren Raum stattfand, sondern mit Bindungen vielfältiger Art, der Verantwortung für die eigene Familie etwa, in Konflikt geraten konnte;
- die Isolation und Einsamkeit, die aus der vielfachen Erfahrung des Verrats resultierten;
- die Schuld, die aus der „verantwortlichen Tat" entsprang, weil es notwendig sein konnte, ein Unrecht zuzulassen oder zu begehen, um ein Größeres zu verhindern,
- die Verantwortung, die aus Unterlassen und zögerlichem Abwägen erwuchs, weil man Loyalitäten nicht brechen, Traditionen nicht überwinden konnte und wollte.

Als wäre sie mit Dietrich Bonhoeffer im Gespräch hat Hannah Arendt diese Realitäten des Widerstands ein paar Monate später aus der Ferne des Exils heraus noch pointierter beschrieben: „Ob jemand in Deutschland ein Nazi oder ein Anti-Nazi ist, wird nur noch der ergründen können, der in das menschliche Herz, in das bekanntlich kein menschlich Auge dringt, zu blicken vermag. Die Laufbahn eines Organisators einer Untergrundbewegung, die es natürlich auch in Deutschland gibt, würde ein sofortiges Ende nehmen, wenn er sich nicht in Wort und Tat wie ein Nazi gebärden würde. In einem Lande, wo jeder auffällt, der nicht entweder auf Befehl mordet oder ein freudiger Komplize von Mördern zu sein vorgibt, ist das keine leichte Sache. So hat selbst das extremste Schlagwort, das dieser Krieg auf unserer Seite hervorgebracht, dass nur ein ‚toter Deutscher' ein guter Deutscher sei, noch eine Grundlage in den wirklichen Verhältnissen; erst wenn die Nazis einen gehängt haben, können wir wissen, ob er wirklich gegen sie war."[12]

Man könnte fast meinen, Dietrich antwortet Hannah, wenn er resümiert: „Wir sind stumme Zeugen böser Taten gewesen, wir sind mit vielen Wassern gewaschen, wir haben die Künste der Verstellung und der mehrdeutigen Rede gelernt, wir sind durch Erfahrung misstrauisch gegen die Menschen geworden und mussten ihnen die Wahrheit und das freie Wort oft schuldig bleiben, wir sind durch unerträgliche Konflikte mürbe oder vielleicht sogar zynisch geworden – sind wir noch brauchbar?"

Die Beteiligten des Widerstands, der im Attentat des 20. Juli 1944 kulminierte, handelten mit Max Weber gesprochen verantwortungsethisch.[13] In einem Ethik-Entwurf, den er im Sommer

12 Hannah Arendt, Organisierte Schuld, in: Die Wandlung, 1 (1946) 4, S. 333–352, S. 336.

13 Zur Unterscheidung von Verantwortungsethik und Gesinnungsethik vgl. Max Weber, Der Beruf zur Politik, in: Ders., Soziologie,

1942, also wenige Wochen vor seinem Bericht an die Freunde zu Papier gebracht hatte, bezeichnete Bonhoeffer die „Abstraktion des isolierten Menschen, der sich nach einem ihm zur Verfügung stehenden absoluten Maßstab unaufhörlich und ausschließlich zwischen einem klar erkannten Guten und einem klar erkannten Bösen zu entscheiden hat", als eine „Fiktion". Die aus dieser Fiktion erwachsende ethische Position – Weber hätte von einer gesinnungsethischen Position gesprochen – hielt er für „zum Scheitern verurteilt". Denn der Mensch lebe „notwendig in einer Begegnung mit anderen Menschen" und mit dieser Begegnung werde ihm „in einer je verschiedenen Form" eine Verantwortung für den anderen Menschen auferlegt.[14]

Der Eintritt in den Status des Konspirateurs war für ihn, wie für viele andere Verschwörer, die Konsequenz, der unbedingte Kampf gegen den Tyrannen die „ultima ratio" dieses Verständnisses einer christlichen Verantwortungsethik: „Die letzte verantwortliche Frage ist nicht", gibt Bonhoeffer in seiner Bilanz 1942/43 zu bedenken, „wie ich mich heroisch aus der Affäre ziehe, sondern wie eine kommende Generation weiterleben soll. Nur aus dieser geschichtlich verantwortlichen Frage können fruchtbare – wenn auch vorübergehend sehr demütigende – Lösungen entstehen."

Dieses Verständnis des Widerstands ist den deutschen Nachkriegsgesellschaften weitgehend fremd geblieben. Es fiel und fällt schwer, die Realitäten des Widerstands zu verstehen und zu akzeptieren. In den ersten Jahren der Bundesrepublik wie der DDR, hier seit Mitte der fünfziger Jahre, dort bereits seit der Gründung,

---

Universalgeschichtliche Analysen, Politik, hrsg. und erläutert von Johannes Winckelmann, 5. Aufl. Stuttgart 1973, S. 167–185, S. 177.

14 Dietrich Bonhoeffer, Ethik, hrsg. von Ilse Tödt/Heinz Eduard Tödt/Ernst Feil/Clifford Green, München (=DBW, Bd. 6) 1992, S. 276.

wurde versucht, die verschiedenen Widerstandsrichtungen zur Legitimierung der jeweiligen politischen Systeme zu nutzen. Bekanntlich geschah das in sehr unterschiedlicher Weise und mit sehr unterschiedlichen Implikationen, stets aber in gegenseitiger Abgrenzung: Die politisch-offizielle Würdigung der Bundesrepublik beschränkte sich fast ausschließlich auf die Gruppen des 20. Juli 1944 und betonte deren Verpflichtung auf bürgerliche und christliche Werte. Die offizielle Linie der DDR rückte den sozialistischen und kommunistischen Widerstand ins Zentrum, der Widerstand des 20. Juli wurde als „imperialistisch", „antisowjetisch" und „reaktionär" abgelehnt. Beide Erinnerungspraktiken schlossen eine kritische Bewertung der politischen Überzeugungen und Handlungen der jeweils gewürdigten Gruppen und Akteure aus.

Gemeinsam war nur das: In beiden Staaten wurde das Bild eines prinzipiellen, heroischen, gesinnungsethisch motivierten Widerstandes gezeichnet, nicht eines Widerstandes aus der konkreten Verantwortung heraus. Eine Sensibilität für die Zwangslagen, in denen sich die einzelnen Widerständler befanden, für ihre Vielschichtigkeiten und Ambivalenzen, konnte sich so kaum entwickeln.

Das war auch gar nicht erwünscht. Denn eine schwarzweiß malende Heroisierung der Widerstandskämpfer rückte diese gleichzeitig in weite emotionale Ferne. Das schaffte Entlastung: Wer ist schon, konnte man sich in Abwandlung des berühmten Kant-Wortes fragen, aus dem Holz geschnitzt, aus dem Helden sind? An einem Beweis, dass es Handlungsoptionen gab, war kaum jemandem gelegen. Und schon gar nicht an der Erkenntnis, dass der Widerstand von Menschen geleistet wurde, die nicht zu Helden geboren waren, sondern den Weg in die Konspiration oftmals unter großen Qualen, Ängsten und Nöten fanden. In Zeiten der „kollektiven Diskretion" (Hermann Lübbe) gegenüber individuellen wie institutionellen Nazi-Vergangenheiten in der

Bundesrepublik bzw. eines „verordneten Antifaschismus", der jede Verantwortung für die Vergangenheit ausschlug, ermöglichte eine „Kanonisierung" des Widerstands, der Majorität beider deutschen Gesellschaften eben auch, sich den Widerstand und sein Vermächtnis vom Leib zu halten. Ein Wunsch, der angesichts des Verhaltens der übergroßen Mehrheit der einstmaligen „Volksgemeinschaft", die mittrug, mitlief oder geschehen ließ, leicht nachzuvollziehen ist, ohne allzu tief in die Abgründe der Psychologie hinabsteigen zu müssen. So verwundert dann auch ein Befund aus der Bundesrepublik der Nachkriegszeit und der fünfziger Jahre nicht, der auf den ersten Blick paradox erscheinen muss: Große Vorbehalte gegen den Widerstand in der Bevölkerung gingen Hand in Hand mit der historiografischen und offiziell-politischen Heroisierung des 20. Juli 1944.

Hinzu kam: Manche Überlebende des 20. Juli und viele Nachkommen machten es den professionellen Deutern und offiziellen Geschichtsverwertern der Bundesrepublik leicht, einen moralischen Ausnahmezustand über das Widerstands-Areal zu verhängen. Aus nachvollziehbaren Gründen waren die von Sippenbann und Sippenhaft traumatisierten und nach 1945 lange um eine materielle wie symbolische Entschädigung des Staates gebrachten überlebenden Widerstandskämpfer, ihre Witwen, Kinder und Freunde dankbar für jede Form der Anerkennung. Und natürlich erzählten sie gerne *ihre* Geschichte des Widerstands: als eine Geschichte der Ritter ohne Furcht und Tadel, „die ihr Leben eingesetzt haben, um den deutschen Namen von Schande zu reinigen."[15] In ihren Schilderungen blieben „Grautöne", Dilemmasituationen, Verzagtheiten und Unentschlossenheiten nur allzu leicht auf der Strecke. Und auch politische Einstellungen und

15 So der Historiker Hans Rothfels, Zerrspiegel historischer Wahrheit, in: Die Zeit vom 20.10.1961.

Ansichten, die viele unter dem Vorzeichen der neuen Demokratie nun nicht mehr als adäquat empfanden, wurden nur selten thematisiert. Wie sollte es anders sein?

Für die Geschichten der wenigen Angehörigen von Widerstandskämpfern des 20. Juli, die in der DDR geblieben waren, bestand in der reglementierten ostdeutschen „Öffentlichkeit" kaum Interesse. Das änderte sich auch nicht als der 20. Juli in den sechziger Jahren und besonders nach dem 40. Jahrestag des Stauffenberg-Attentats 1984 in der DDR-Historiografie und -publizistik zu einem zunehmend wichtigeren Thema wurde. Die offizielle Lesart des 20. Juli verlor ihre Eindimensionalität. Die Auffassung vom Widerstand als einem widerspruchsvollen, prozesshaften Vorgang gewann spürbar an Bedeutung. Die Integration des 20. Juli in das offizielle Geschichtsbild der DDR bedeutete jedoch letztlich nur eine Instrumentalisierung unter anderen Vorzeichen. „Reaktionäre" mutierten zu „Antifaschisten" und „Patrioten". Eine differenzierte Analyse der unterschiedlichen Beweggründe für den Widerstand sowie der unterschiedlichen Wege in den Widerstand wurde nicht geleistet. Daran konnten die DDR-Geschichtspolitiker auch kein Interesse haben: Menschen mit Zivilcourage waren als Vorbilder aus naheliegenden Gründen nicht erwünscht.

Auch wenn sich im bundesdeutschen Geschichtsdenken Ende der sechziger Jahre im Zuge der beginnenden Historisierung des Nationalsozialismus Widerstandsgeschichte und Geschichtspolitik zu entflechten begannen, ist letztlich die auf einem gesinnungsethischen Verständnis fußende Idealvorstellung eines Widerstandes nie in den Hintergrund getreten. Es scheint, als hätten die kulturellen Veränderungen nach 1968 – die „Gesinnung", nun natürlich emanzipatorisch verstanden, vor allem in der bundesdeutschen Linken populär werden ließen – allenfalls dazu geführt, dass gleichsam die „gesinnungsethische Elle" den Besitzer wechselte. Maßen vorher vornehmlich die eher konservativen Interpreten mit ihr, so legten die Elle nun diejenigen Deuter des Widerstands an, die sich eher als progressiv und aufklärerisch verstanden. Öffentliche Diskurse waren die Konsequenz, die in bewusster Abgrenzung zum Widerstand des 20. Juli, die „wirkliche" Integrität (und manches Mal wohl auch die „richtige" politische Überzeugung) des kommunistischen und sozialistischen Widerstands herauszustellen suchten. In der Tat wirkte dieser ja in seiner ideologischen Klarheit und Kompromisslosigkeit so viel eindeutiger als das Handeln der bürgerlichen und militärischen Opposition.

Die deutsche Vereinigung hat an dieser Sicht auf den Widerstand des 20. Juli wenig geändert. Große Teile der Öffentlichkeit, so sie sich des Widerstands gegen den Nationalsozialismus überhaupt erinnern, tun sich schwer mit den meistens unausweichlichen, oft „grauen" Kompromissen der von Zweifeln und Zwängen geplagten Widerstandskämpfer. Ein eindrückliches Beispiel dafür ist die Rezeption des Buches von Daniel J. Goldhagen.[16] Die in ihrer Pauschalisierung wissenschaftlich unhaltbaren Aussagen zum Widerstand des 20. Juli, den Goldhagen gleichsam als Kronzeugen für seine These vom „eliminatorischen Antisemitismus" der deutschen Gesellschaft bemüht, blieben auf deutungskultureller Ebene weitgehend unwidersprochen, auf soziokultureller Ebene wohl überwiegend unbemerkt. Ein anderes Exempel ist die von Jan-Philip Reemtsma und seinem Institut initiierte Ausstellung „Verbrechen der Wehrmacht", die in ihrer ersten Fassung die Naziverbrechen zum Fokus, ja zur Entelechie der deutschen Geschichte hochrechnete. Ein Blick auf die wenigen, die die Erwartungen der Nationalsozialisten

16 Daniel Jonah Goldhagen, Hitlers willige Vollstrecker. Ganz gewöhnliche Deutsche und der Holocaust, Berlin 1996.

unterliefen oder sich ihnen offensiv entgegenstellten, so große Kompromisse einzugehen sie zweifellos auch gezwungen waren, hätte da nur gestört: „Nachdem die große Abrechnung nach dem Kriege ausgeblieben ist", stellt Karl Heinz Bohrer in seiner brillanten Betrachtung der Vorgänge um die erste Wehrmachtsausstellung fest, „wird sie mit fünfzigjähriger Verspätung unter anderem von den Enkeln derjenigen, an denen sie hätte vollzogen werden müssen, nunmehr allen zugemutet: Je stärker das Verbrechen generalisiert werden kann, um so weniger trifft es den einzelnen, die Nachkommen dürfen sich vom Odium salviert fühlen."[17] Eine Egalisierung der Schuld hebt nicht aus dem Grau(en) der Geschichte heraus und belästigt oder beschädigt niemanden. „Wo alle schuld sind, ist es keiner", hat Hannah Arendt einmal festgestellt.[18]

Auch heute tut sich die deutsche Gesellschaft schwer mit diesem Kapitel deutscher Geschichte. Noch immer wird der Widerstand, trotz aller öffentlichen Bekenntnisse zum 20. Juli, von großen Teilen der Bevölkerung mit Skepsis betrachtet. Wie wohl wären andere Nationen mit den Frauen und Männern des Widerstands umgegangen? Gäbe es da nicht in fast in jeder Stadt ein Denkmal für die Freiheitskämpfer?

Auch professionelle Geschichtsdeuter zeigen sich aus Anlass der runden Gedenktage irritiert, wenn sie bemerken, dass Angehörige der Opposition gegen Hitler und vor allem des Widerstands, der im Attentat des 20. Juli 1944 kulminierte, nicht recht für die Historienmalerei taugen, weil sie geprägt und bewegt

17 Karl Heinz Bohrer, Nationale Nachgedanken zur Wehrmachtsausstellung, in: Merkur, 612 (2000), S. 372–375, S. 374.

18 Hannah Arendt, „Kollektive Verantwortung". Vortrag im Rahmen eines Symposions der American Philosophical Association, Veröffentlicht vom Verein Hannah-Arendt-Preis für politisches Denken, Oldenburg 1997.

waren von den Wertvorstellungen und Erlebnissen ihrer Zeit und ihrer Milieus – und nicht immer so eindeutig und kompromisslos zu handeln in der Lage waren, wie es uns aus der Rückschau wünschenswert erscheint. Das zeigte sich zuletzt wieder in den vielen Publikationen und Filmen zum 75. Jahrestag des Attentats vom 20. Juli. Unkritische Heroisierung der Verschwörer *oder* empörtes Dekuvrieren vermeintlicher Helden, die sich viel zu sehr auf Ideen und Taten der Nazis eingelassen hätten, um heute geehrt zu werden: Die meisten Artikel, Kommentare und Filmbeiträge vertraten eine dieser beiden Positionen. Geradezu idealtypisch nachvollziehen lassen sich die Argumentationslinien am Beispiel der Kontroverse zwischen Thomas Karlauf und Sophie von Bechtolsheim zur Motivation Claus Schenk Graf von Stauffenbergs.[19]

Zwar ist die Zahl differenziert argumentierender Stellungnahmen im Vergleich zu den Äußerungen aus Anlass der 50. oder 60. Jahrestage deutlich gestiegen und die allgemeine Tonlage gelassener geworden – dass die Lebenswege der letzten Zeitzeugen, Täter wie Opfer, sich dem Ende entgegen neigen, führt offenbar zu einer allmählichen Öffnung des Blicks auf den Widerstand. Die personellen Kontinuitäten in der deutschen Gesellschaft nach 1945, die dazu geführt hatten, dass das Deutungsfeld „Widerstand" negativ oder zumindest nicht grundsätzlich zustimmend besetzt wurde, verlieren an Bedeutung. Doch auch das ist klar: Der Widerstand erhält keinen herausragenden Ort im kollektiven Gedächtnis der Bundesrepublik. Wenn in erster Linie das Familiengedächtnis und nicht vermitteltes Wissen, gebildet aus dem Geschichtsunterricht, Gedenkstättenarbeit, Spielfilmen etc.,

19 Thomas Karlauf, Stauffenberg. Portrait eines Attentäters, München 2019; Sophie von Bechtolsheim, Stauffenberg. Mein Großvater war kein Attentäter, Freiburg 2019.

die Quelle für das Geschichtsbewusstsein ist, dann wird auch die Republik der Blockwart-Enkel eine Distanz zu denen einnehmen, die sich in ihrem Widerstand nicht nur gegen das Regime, sondern auch gegen die Mehrheit der Gesellschaft stellten. Es bleibe der Verdacht, so der Publizist Jens Jessen, der als Enkel eines engen Mitarbeiters Carl Goerdelers immer wieder den fehlenden Ort des Widerstands im kollektiven Gedächtnis beklagt, „dass sich die nachgeborenen Deutschen selbst noch in der Schuld als Volksgemeinschaft konstituieren wollen." Vielleicht lässt sich aus diesem Drang heraus auch das weiterhin existierende Bedürfnis nach der Existenz eines Widerstands erklären, den es in dieser Form nie gegeben hat und nie geben konnte: einen „politisch korrekten" Widerstand. Ein Widerstandskämpfer muss ein tapferer, redlicher, vorurteilsfreier, möglichst demokratisch eingestellter und vor allem prinzipientreuer Mensch sein. Wird er diesem Maßstab nicht gerecht, dann entspricht er nicht dem Ideal eines Oppositionellen, der aus einer ethisch unanfechtbaren Haltung heraus handelt.

Diese Sicht auf die Geschichte des Widerstands sagt letztlich viel über unsere Zeit aus. Sie kennt Respekt vor der konkreten historischen Situation genauso wenig wie vor historischen politischen Alternativen. Sie vermag Geschichte ausschließlich als Vorgeschichte zu begreifen und negiert das „endlose Schauspiel des Lebens" (Kierkegaard), das Geschichte ausmacht. Natürlich ist diese „gesinnelnde" Sichtweise unhistorisch und letztlich auch unmenschlich. Denn selbstredend hat es diesen Idealtyp des Widerstandskämpfers nicht gegeben, ja, es konnte ihn nicht geben. Selbst wenn die Kämpfer gegen die Diktatur frei von Unzulänglichkeiten und Fehlern gewesen und unbeeinflusst von persönlichen historischen Erfahrungen geblieben, deren Gefangene wir alle zu jeder Zeit sind, so mussten sie sich doch alle auf jene Ambivalenz von Opposition und Kooperation, von

Konfrontation und Anpassung einlassen, von der Bonhoeffer berichtet und die charakteristisch für jeden Widerstand in totalitären Regimen ist.

Wollen wir die bleibende Bedeutung dieses Kapitels deutscher Geschichte begreifen, dann gilt es den Widerstand von gesinnungsethischer Überfrachtung und von politischer Instrumentalisierung zu befreien. Erst die realistische Wahrnehmung der Bedingungen der Diktatur und der Prägungen ihres Denkens, der Grenzen der Milieus und politischen Traditionen, aus denen heraus die Gegner des Nationalsozialismus handelten und die sie hinter sich lassen mussten, erst eine Historisierung in diesem Sinne kann den Blick für die Realitäten des Widerstands öffnen. Für die Bewährung in der Ambivalenz, für das Handeln nicht allein aus dem Prinzip, sondern aus lebendiger Verantwortung heraus, hier liegt ihre eigentliche Größe. Auf dieser Grundlage können wir den Widerstand nicht nur als einen moralischen Akt, sondern auch als politisches und damit auch politisch bewertbares Handeln würdigen.

Differenzieren: Widerstand und Antisemitismus

Die Widerstandskämpfer des 20. Juli waren Antisemiten – diese Auffassung ist weit verbreitet. Das Schicksal der Juden hätte sie kalt gelassen und sei kein Motiv für oppositionelles Verhalten gewesen. Hannah Arendt gab hier den Ton an: „[...] concentration camps in Germany for political opponents were sometimes mentioned", schreibt sie in Eichmann in Jerusalem über den Widerstand, „but the extermination camps and the Einsatzgruppen were almost completely ignored, and this by the very men who possessed the most precise knowledge of what was going in the East. These men who opposed Hitler paid with their lives, and their courage was admirable, but it was not inspired by a crisis of conscience or by what they knew other people had been made to suffer; they were motivated exclusively by their conviction of coming defeat and ruin of Germany."[20] Als ein besonders drastisches Beispiel für antisemitische Haltungen im Widerstand werden immer wieder die *Freiburger Kreise* herangezogen.[21] Hier

---

20 Hannah Arendt, Eichmann in Jerusalem. A Report on the Banality of the Evil, New York 1963.

21 Zu den *Freiburger Kreisen*: Christine Blumenberg-Lampe, Das wirtschaftspolitische Programm der „Freiburger Kreise". Entwurf einer freiheitlich-sozialen Nachkriegswirtschaft. Nationalökonomen gegen den Nationalsozialismus, Berlin 1973; Dagmar Rübsam/Hans Schadek (Hrsg.), Der „Freiburger Kreis". Widerstand und Nachkriegsplanung 1933–1945. Katalog einer Ausstellung, Freiburg 1990; Hugo Ott, Der „Freiburger Kreis", in: Rudolf Lill/Michael Kißener (Hrsg.), Der 20. Juli 1944 in Baden und Württemberg, Konstanz 1994, S. 125–153; Dagmar Rübsam-Haug, Widerstand und

zeige sich, dass Hannah Arendt Recht hat. Der national-konservative Widerstand habe sich, so der Mainstream der Geschichtsdeuter, tief auf rassenideologische Positionen eingelassen, teils aus politischer Überzeugung, teils aus bündnispolitischer Berechnung. Die Entrechtung und Verfolgung der Juden, ja, nicht einmal ihre Vernichtung habe die späteren Verschwörer zum Handeln motiviert.[22]

Tatsächlich: Die *Freiburger* haben in einer ihrer Denkschriften Forderungen für eine Nachkriegsverfassung aufgestellt, die eine Abkehr von der Judenemanzipation bedeuten. Also, alles klar?! Nein, ein genauerer Blick auf diese Kreise zeigt, dass es so einfach nicht ist. Die *Freiburger Kreise* sind die einzige bekannte Widerstandsgruppe, die sich unter dem Eindruck der Angriffe auf Juden am 9. November 1938 gebildet hat. Wie geht das zusammen? Was sind das für Antisemiten, die die Verfolgung von Juden und die Gleichgültigkeit der Mehrheitsgesellschaft nicht ertragen können und deshalb gegen die NS-Regierung arbeiten? Der breite Pinselstrich hilft hier nicht weiter. Eine Mikrostudie als Einladung zur Differenzierung.

Nachkriegsplanung. Der „Freiburger Kreis" als Beispiel kirchlich-akademischen Widerstands gegen den Nationalsozialismus, in: Thomas Schnabel (Hrsg.), Formen des Widerstands im Südwesten 1933–1945. Scheitern und Nachwirken, Ulm 1994, S. 114–123; Nils Goldschmidt, Wirtschaft, Politik und Freiheit. Freiburger Wirtschaftswissenschaftler und der Widerstand, Tübingen 2005; Hans Maier (Hrsg.), Die Freiburger Kreise. Akademischer Widerstand und Soziale Marktwirtschaft, Paderborn 2014; Wolfgang Benz, Im Widerstand. Größe und Scheitern der Opposition gegen Hitler, München 2018, S. 378ff.

22 So zuerst Christof Dipper, Der deutsche Widerstand und die Juden, in: GG, 9 (1983), S. 249–380.

Nichts rührte sich. In der Nacht vom 9. auf den 10. November 1938, für die sich sehr bald die zynische Bezeichnung „Reichskristallnacht“ einbürgerte, wurde auch in Freiburg die unmittelbar an die Universität grenzende Synagoge angezündet. Aus verschiedenen Berichten erfahren wir, dass viele Hundert Menschen stumm das Geschehen beobachteten. Sie sahen, dass die Feuerwehr nicht eingriff, sondern sich darauf beschränkte, die benachbarten Universitätsgebäude vor einem Übergreifen des Feuers zu schützen. Die Albert-Ludwigs-Universität war längst „judenfrei“. An ihrer Fassade prangte nicht mehr nur das Wort aus dem Johannesevangelium „Die Wahrheit wird Euch frei machen“ in großen Goldlettern, seit dem Wintersemester 1935/36 war über dem Haupteingang, über den Figuren Aristoteles´ und Homers, auch „Dem ewigen Deutschtum“ eingemeißelt. Sie kam ihrer nachbarschaftlichen Schutzpflicht nicht nach.

Wir wissen, dass das Versagen der Freiburger Universität symptomatisch war für das weitgehende Versagen der deutschen Universitäten, ja der deutschen Eliten insgesamt angesichts der „großen Versuchung des Nationalsozialismus“ (Fritz Stern). Die „Reichskristallnacht“, initiiert von der obersten Parteiführung und den lokalen Parteigliederungen, war auch ein Test der moralischen Widerstandsfähigkeit der deutschen Bürger. Und sie hatten ihn mehrheitlich nicht bestanden. So wie die tägliche Einschüchterung, das An-den-Pranger-Stellen jüdischer Bürger und die gegen sie gerichteten Pressionen von der Mehrheit der Bevölkerung passiv geduldet wurden, so geschah es jetzt auch mit den offenen, brutalen Übergriffen auf Juden und jüdische Gotteshäuser. Freilich gab es private Äußerungen der Solidarität mit den Opfern, doch sie blieben sporadisch.

Es ist notwendig, sich diese durch weitgehende Gleichgültigkeit und Passivität den jüdischen Opfern gegenüber gekennzeichnete Situation zu vergegenwärtigen. Denn erst vor dieser Folie der weitverbreiteten Gefühllosigkeit, Indifferenz und Trägheit wird die Besonderheit der Vorgänge, die wir uns genauer anschauen sollten, wenigstens einigermaßen fassbar. Eine Gruppe von Professoren der Freiburger Universität wollte und konnte die Ereignisse der Nacht vom 9. auf den 10. November nicht einfach ohne Reaktion an sich vorüberziehen lassen. Der damals bereits über die Grenzen der Fachwelt hinaus bekannte Historiker Gerhard Ritter schreibt am 24. November 1938, also zwei Wochen nach dem Pogrom, noch ganz unter dem Eindruck der judenfeindlichen Ausschreitungen stehend, an seine Mutter:

> „Was wir in den letzten beiden Wochen erlebt haben im Ganzen des Vaterlandes, ist das Beschämendste und Schrecklichste, was seit langen Jahren geschehen ist. Wohin sind wir gekommen!!! [...] Diese Schreckenswoche wird nicht so leicht wieder vergessen werden. Ach wenn man hoffen könnte, daß es der Anfang würde einer inneren Umkehr und Besinnung bei denen die für das alles verantwortlich sind! Aber kann man das ernstlich hoffen?“[23]

Für Gerhard Ritter und die Nationalökonomen Adolf Lampe, Constantin von Dietze und Walter Eucken waren die Ereignisse der „Reichskristallnacht“ letzter Anstoß und Antrieb, etwas für eine „innere Umkehr“ mit einer Perspektive auch auf eine „äußere Umkehr“ Deutschlands zu tun. Am 10. November telefonierte

23 Gerhard Ritter. Ein politischer Historiker in seinen Briefen, hrsg. von Klaus Schwabe/Rolf Reichardt unter Mitwirkung von Reinhard Hauf, Boppard am Rhein 1984, S. 339.

Adolf Lampe mit seinem Kollegen Constantin von Dietze: „dies war die Geburtsstunde des ‚Freiburger Kreises'".[24]

Gelehrte in Opposition

Trotz massiver Eingriffe der Nationalsozialisten in die deutschen Universitäten, denen diese nicht selten im vorauseilenden Gehorsam entgegenzukommen suchten, blieben in manchen Fakultäten und Instituten Schonräume bestehen. Die Rechts- und Staatswissenschaftliche Fakultät der Universität Freiburg war so ein verhältnismäßig freier Raum. Sie bot gleichsam eine intellektuelle und politische Nische. Hier, wo Anfang der dreißiger Jahre in der Zusammenarbeit von Juristen und Ökonomen die später so genannte „Freiburger Schule" der Nationalökonomie entstand, gelang es allen Restriktionen zum Trotz, ein weitgehendes Eigenleben zu bewahren. „Für meine Lehrtätigkeit war die Freiburger Atmosphäre unschätzbar wertvoll", erinnert sich nach dem Krieg Gerhard Ritter, „vor allem die Tatsache, daß unsere Staatswissenschaftliche Fakultät, deren Mitglieder mir fast alle persönlich befreundet sind, beinahe geschlossen zur politischen Opposition gehörte, gab mir eine starke moralische Stütze."[25] Der interdisziplinäre Austausch spielte eine auffallend große Rolle in der Fakultät, und es kann angenommen werden, dass gerade er zu der so überaus innovativen und produktiven Atmosphäre der Fakultät beitrug. Von Ende 1933 bis 1936 tagte das gemeinsam von Juristen und Nationalökonomen veranstaltete sogenannte Gemeinschaftsseminar der beiden Professoren Walter Eucken

24 Brief von Gertrud Lampe an Franz Böhm vom 15.11.1973, in: ACDP, NL Lampe, I-256-KO28.

25 Gerhard Ritter, Der deutsche Professor im „Dritten Reich", in: Die Gegenwart 1 (1945/46), S. 23–26, S. 24.

und Hans Großmann-Doerth sowie des Privatdozenten Franz Böhm, in dessen Mittelpunkt die Frage nach dem Verhältnis von Staat und Wirtschaft stand. Ab dem Wintersemester 1933/34 trafen sich zudem in der Privatwohnung des emeritierten Nationalökonomen Karl Diehl, der gerade an einem Werk über das Verhältnis von Individuum und Gesellschaft arbeitete, Kollegen und Schüler zum freien Meinungsaustausch zu Themen wie „Der Einzelne und die Gemeinschaft" und „Staat und Wirtschaft". Diehl pflegte diesen Kreis „Fakultät der anständigen Menschen" zu nennen.

In diesem Seminar, das bis zum Tode des Geheimrates im Frühjahr 1943 tagte und in dem 1936 das „Gemeinschaftsseminar" aufging, lag eine Wurzel der *Freiburger Kreise:* Der Teilnehmerkreis, der sich übrigens auch am Abend des 9. November 1938 versammelte, speiste die Gruppe. Eine zweite Wurzel der *Freiburger Kreise* lag im Kirchenkampf. Der Streit zwischen der „Bekenntnisfront" und den „Deutschen Christen" spiegelte sich 1933/34 auch in den evangelischen Kirchengemeinden Freiburgs wider. Die christlich gesonnenen Professoren verfolgten aufmerksam die kirchenpolitischen Entwicklungen nach der nationalsozialistischen „Machtergreifung". Einige mischten sich aktiv ein. Zu ihnen gehörten die Juristen Erik Wolf und Franz Böhm sowie Gerhard Ritter. Constantin von Dietze, der vor seinem Ruf nach Freiburg bis 1937 an der Berliner Universität lehrte und in Potsdam lebte, war kämpferisches Mitglied seiner Potsdamer Gemeinde. Im Hause Ritters kam seit 1936 oder 1937 zudem ein sogenannter Hauskreis – in evangelischen Kreisen eine weit verbreitete Einrichtung – zusammen, dem neben Professoren, die Mitglieder der Bekennenden Kirche waren, auch Bekenntnispfarrer angehörten. Die Auseinandersetzung mit dem Brief des Paulus an die Römer 13, diesem für das Verhältnis von Christen und Staat in Deutschland so bedeutsamen Bibeltext – „Jedermann sei untertan der Obrigkeit, die Gewalt über ihn hat. Denn es ist keine Obrigkeit ohne von Gott; wo aber Obrigkeit ist, die ist von Gott verordnet." –, soll ein wichtiges Thema in dieser Runde gewesen sein.

Die freundschaftlich verbundenen Professoren Ritter, Eucken, Lampe und von Dietze bildeten den Kern der *Freiburger*. Seit dem November 1938 trafen sich um ihn herum Nationalökonomen, Juristen und Historiker der Freiburger Universität und auch anderer Universitäten, die dem Nationalsozialismus ablehnend oder doch zumindest distanziert gegenüberstanden, Pfarrer der Bekennenden Kirche und, später, katholische Geistliche. In einem besonders engen Austausch mit den vier Initiatoren stand Franz Böhm. Er zwar 1936 von Freiburg weg auf eine Lehrstuhlvertretung nach Jena berufen worden, jedoch pendelte er viel zwischen Jena und Freiburg und nahm häufig an den Treffen der *Freiburger Kreise* teil. Böhm war ein wichtiger Impulsgeber.

Die personelle Zusammensetzung der Kreise, die stets von der Kerngruppe initiiert und geprägt war, unterschied sich je nachdem, ob es um allgemeine oder fachspezifische Themen oder um das konspirative Ausarbeiten von Denkschriften ging. So lassen sich innerhalb der *Freiburger Kreise* drei Arbeitsgruppen ausmachen:

- Das „Freiburger Konzil", ein von November 1938 bis September 1944 bestehender Diskussionszirkel, in dem Fragen des Widerstandsrechts, des Naturrechts und Probleme einer anzustrebenden Staats-, Rechts- und Wirtschaftsordnung im Mittelpunkt standen und aus dem bereits im Dezember 1938 die Denkschrift „Kirche und Welt" hervorging.
- Eine engere Arbeitsgruppe „Freiburger Denkschrift", die im – von Dietrich Bonhoeffer übermittelten – Auftrag der Vorläufigen Leitung der Bekennenden Kirche vom Oktober 1942 bis

zum Januar 1943 ein für die Gestaltung eines post-nationalsozialistischen Deutschlands gedachtes, programmatisches Papier anfertigte.

- Die „Arbeitsgemeinschaft Erwin von Beckerath", die sich als nationalökonomischer Arbeitskreis (an dem deshalb Gerhard Ritter nicht mitwirkte) im Zeitraum März 1943 bis September 1944 ausschließlich mit Wirtschaftsfragen der Zukunft beschäftigte.

National-kommunitäre Kultur: Widerstand aus Loyalität

Ritter, Eucken, Lampe, von Dietze und Böhm waren überzeugte Lutheraner. Es stand während des Kirchenkampfes für sie alle außer Frage, dass ihre geistliche Heimat nur in der Bekennenden Kirche liegen könne. Wie so viele ihrer Generation (Ritter wurde 1888 in Bad Sooden an der Werra geboren, Eucken und von Dietze 1891 in Jena bzw. Gottesgnaden bei Calbe an der Saale, Böhm 1895 in Konstanz und Lampe 1897 in Frankfurt am Main), waren sie durch ihre Erlebnisse im Ersten Weltkrieg geprägt, an dem sie alle aktiv und teilweise hochdekoriert teilgenommen hatten. Der sogenannte Geist von 1914, das besonders das Bürgertum begeisternde, (angeblich) alle Gruppenegoismen überwindende Gemeinschaftserlebnis zu Beginn des Krieges hatte sie nachhaltig beeindruckt. Die Niederlage war für sie „ein schweres und schmerzliches Unglück, die Revolution mit all ihren Begleiterscheinungen empfanden wir als brennende Schmach", der Vertrag von Versailles wurde als „Schandding" bewertet, das es so bald wie möglich zu revidieren galt.[26]

26 So notiert von Dietze später in der Gestapo-Haft: Constantin von Dietze, Erinnerungen. Niedergeschrieben September 1944 bis April 1945 in Moabit und Ravensbrück, in: UBF, NL von Dietze, K. 6, S. 161.

Zweifellos waren Ritter, Eucken, Lampe, von Dietze und Böhm tief in der protestantisch-preußischen Kultur verwurzelt, die die deutsche politische Kultur bis 1945 gerade auch in ihrer Ausrichtung auf den Nationalstaat – dessen Handeln letztlich mit Politik gleichgesetzt wurde – dominierte. In den zwanziger Jahren und zu Beginn der dreißiger Jahre standen sie Parteien nahe, die das nationale Lager repräsentierten: Ritter war zeitweise Mitglied der Partei Gustav Stresemanns, der national-liberalen Deutschen Volkspartei (DVP) gewesen. Von Dietze hegte Sympathien für die Deutschnationale Volkspartei (DNVP), hielt es jedoch für unangebracht, als Professor der Nationalökonomie, die er bewusst als eine *politische* Wissenschaft verstand, einer Partei beizutreten. Lampe hatte sich als junger Mann in der deutsch-nationalen Studentenvereinigung engagiert, blieb jedoch ebenfalls parteilos, weil, wie er einmal bemerkte, „der Herr Feldmarschall und Reichspräsident Hindenburg für mich über den Parteien steht“[27]. Eucken war kurz nach dem Krieg Mitglied der DNVP gewesen, hatte der Partei jedoch bald wieder den Rücken gekehrt. Böhm wurde 1924 Mitglied der DVP, trat kurze Zeit später zwar wieder aus, identifizierte sich jedoch am ehesten mit den nationalen Liberalen.

Zu kurz gegriffen, da ihre politischen Mentalitäten und Gefühlswelten nur unscharf kennzeichnend, ist es auf jeden Fall, die *Freiburger* als „national-konservativ“ zu bezeichnen. Eine solche Kategorisierung basiert auf einem Rechts-Links-Schema, das politisch-kulturelle Konstellationen verfehlt. Ein genauerer Blick auf ihre Schriften und ihr Handeln verrät viel mehr, dass sie zwar sehr wohl national im Sinne einer Identifikation und Solidarisierung mit der deutschen nationalen Gemeinschaft „tickten“, in das ideengeschichtliche Muster der für das protestantische Deutschland im

27 Adolf Lampe an Dr. Gustav Schneider, Freiburg, den 13.5.1932, in: ACDP, NL Lampe, I-256-A001/1-3.

19. und Anfang des 20. Jahrhunderts konstatierten Dichotomie „konservativ-liberal" jedoch kaum passten. Gewiss, ihre Urteile zu politischen Fragen waren in ihrer Zeit verhaftet und durchaus auch von konkreten Situationen abhängig und deshalb veränderbar. Eine Grundüberzeugung jedoch zieht sich durch ihre Schriften und ihr politisches Handeln wie ein roter Faden: Nicht Einzelinteressen, sondern dem Gesamtwohl des Staates müsse die Politik und letztlich das menschliche Handeln überhaupt dienen.[28] Dabei dürfe es keinen Stand geben, der, wie Ritter es im Jahr 1928 einmal formuliert hat, „grundsätzlich auszuschließen wäre von der Mitverantwortung am Staat und von der Erziehung zum Staat".[29]

Diesem Politik-Verständnis liegt die Vorstellung zugrunde, dass es nicht freie, autonome, voll entwickelte Individuen sind, die einen Staat bilden, weil er ihnen nützt – das wäre die „klassische" liberale Position –, sondern am Anfang die Gemeinschaft steht, die die Menschen in bestimmter Weise prägt. Nicht allein Interessen, sondern „öffentliche Tugenden" und „Gemeinsinn" halten einen politischen Verband zusammen. Der Staat ist also etwas anderes und in gewisser Weise „mehr" als das Produkt eines Vertrages atomisierter und gleicher Individuen. An seinem

---

28 Vgl. etwa die wirtschaftspolitischen Positionen Euckens, Lampes, von Dietzes und Böhms, die auf dieser Grundannahme basierten. In diesem Sinne ist z. B. die in der großen Denkschrift von 1942/43 formulierte Forderung nach einem „starken Staat" zu werten, der nicht zum Spielball von Interessengruppen werden soll, sondern die Rahmenordnung für die Wirtschaft und ihre Einhaltung zu garantieren habe. Vgl. Denkschrift, S. 70ff. Eine Edition der ersten Denkschrift wurde besorgt von Reinhard Hauf in: Gerhard Ritter, Ein politischer Historiker in seinen Briefen, hrsg. von Klaus Schwabe/Rolf Reichardt unter Mitwirkung von Reinhard Hauf, Anlage II, S. 629–654.

29 Gerhard Ritter, Bismarcks Reichsgründung und die Aufgaben deutscher Zukunft. Ein Wort an Bismarcks großdeutsche Kritiker, Freiburg 1928, S. 20.

öffentlichen Leben aktiv und verantwortlich teilzunehmen und sich dabei für die Belange der Gemeinschaft, nicht nur für einen Stand oder eine „Klasse" einzusetzen, ist Pflicht und Erfüllung des Bürgers zugleich. Partizipation verleiht der bürgerlichen Existenz erst einen höheren Sinn und Zweck.

Gemeint ist damit eine Haltung, wie sie der französische Schriftsteller Andre Gide einmal beschrieben hat, wenn er von der zunächst paradox erscheinenden Beobachtung sprach, „daß das Glück des Menschen nicht in der Freiheit besteht, sondern in der Hingabe an eine Pflicht." Zum Tragen kommt in diesen Annahmen über die politische Welt nämlich letztlich ein Freiheitsverständnis, wie es aus der griechischen Polis überliefert ist: Freiheit *zu* etwas, *„positive* Freiheit [...] eine bestimmte, vorgeschriebene Form von Leben zu führen"[30], die von einem modernen, liberalen, *negativen* Freiheitsbegriff („Freiheit *von* ...") zu unterscheiden ist.

Die politische Tradition, in der die *Freiburger* stehen, könnte im Sinne Kants als „republikanisch" bezeichnet, präziser jedoch mit dem Begriff „national-kommunitär" gefasst werden.[31] Sie wurzelt in der idealistischen Philosophie und reicht über Teile des Frühliberalismus bis hin zu den Radikalen der 1848/49er Revolution. Auch Teile der Nationalliberalen und intellektuelle Gestalten wie Friedrich Naumann und Max Weber „tickten" national-kommunitär. Dieses „mental furniture" ist von einer konservativen und einer liberalen Grundströmung innerhalb der dominanten nationalen politischen Kultur einerseits und von den katholischen und sozialistischen Sonderkulturen

30 Isaiah Berlin, Freiheit. Vier Versuche, Frankfurt/M. 1995, S. 210.

31 Ich folge hier Karl Rohe, The State Tradition in Germany: Continuities and Changes, in: Dirk Berg-Schlosser/Ralf Rytlewski (Hrsg.), Political Culture in Germany, Houndsmills/Baskingstoke 1993, S. 215–231.

andererseits zu unterscheiden. Kulturell war diese Tradition politischen Denkens und Handelns in Deutschland um einiges wirkmächtiger als die im engeren Sinne verstandene liberale Richtung. Man muss nicht so weit gehen wie der britische Historiker Brendan Simms, der das Preußen-Deutschland des 18. und 19. Jahrhunderts als eine „stakeholder“-Gesellschaft bezeichnet hat, eine Gesellschaft also, die weniger über Machtkämpfe und Konkurrenz als über Kooperationen und klug ausgetüftelte Ordnungssysteme ihre Probleme löst. Dass die deutsche Gesellschaftsgeschichte aber über weite Strecken stark korporativ geprägt und durch Vorbehalte gegenüber dem Kapitalismus wie den Ideen des Westens, worunter der Wertehorizont der Aufklärung und der individualistisch interpretierten Menschenrechte mit einer Präferenz für demokratische politische Systeme verstanden werden soll, gekennzeichnet war, hatte seinen Grund weitgehend auch in solchen national-kommunitären Grundannahmen über das Politische. Sie besaßen vor allem in der Bildungselite, der Beamtenschaft und im Wirtschaftsbürgertum ein breiteres sozialkulturelles Fundament als liberal-utilitaristische Grundpositionen. Letztere konnten allenfalls dort milieuhafte Wurzeln schlagen, wo sich wie in Großbritannien, die kommerzielle Gesellschaft – nicht gleichzusetzen mit der industriellen Gesellschaft – hatte durchsetzen können.

Für die *Freiburger* spielte es eine nachgeordnete Rolle, in welchem „System“ der deutsche Nationalstaat und das deutsche Nationalbewusstsein als eine „geistige Gemeinschaft“[32] fortleben und sich weiterentwickeln können. Ihr Verhältnis zur Demokratie, zumal der von Weimar, war durchaus distanziert – wie so viele Bildungsbürger in der Weimarer Republik können auch

32 Ritter 1928, S. 60.

Eucken, Lampe, Ritter und von Dietze mit der berühmten Formulierung Friedrich Meineckes als „Vernunftrepublikaner" bezeichnet werden. Ihre Einstellung zur Rechtsgebundenheit des Staates war aber entschieden. Das zeigt sich ganz deutlich in ihrer Denkschrift „Politische Gemeinschaftsordnung". Die Autoren verzichten hier bewusst darauf, eine bestimmte Staatsform zu empfehlen: „wir legen uns [...] auf keine Staatsform fest."[33] Die unbedingte Notwendigkeit einer rechtsstaatlichen Verfassung betonen sie jedoch eindringlich: „daß die politische Gemeinschaft echte Rechtsgemeinschaft sei, nicht eine bloße Heranbildung sittlich abgestumpfter, geistig uniformierter Massenmenschen, aber auch nicht eine Anarchie lose verbundener Individualitäten, deren subjektive Willkür an die Stelle gesetzlicher Ordnung tritt."[34] Dabei steht für sie als gläubige Christen und Lutheraner außer Zweifel, dass der dem geschriebenen Recht vorausliegende überpositive Rechtsgrundsatz das Gebot Gottes ist. Auch wenn es keine Rechtsnormen irdischer Gerechtigkeit aufstellen könne, dürfe seine „gemeinschaftsstiftende Wirkung" nie gehindert oder unterdrückt werden. Die *Freiburger* hielten es also für ausgeschlossen, dass sich eine ethische Rechtsetzung, die Verführung durch eine politische Ideologie widerstehen könne, allein auf menschliche Vernunft gründen ließe. Nur die christliche Bindung des Gewissens an die persönliche Verantwortung vor Gott stellte für sie letztlich eine verlässliche Grundlage gegen den Missbrauch staatlicher Macht dar.

Gerade die für national-kommunitäres Denken so charakteristische Prioritätensetzungen – nationale Gemeinschaft vor Regierungsform und (positive) Freiheit für und in der Gemeinschaft vor (negativer) Freiheit von Bevormundung – war für

33 Denkschrift, S. 73.
34 Ebenda.

die Nationalsozialisten anschlussfähig. Sie bedienten sich in ihrer Ideologie vieler national-kommunitärer Deutungsangebote und stellten diese politische Tradition geschickt in ihren Dienst. Deshalb fanden viele national-kommunitär „tickende" Menschen die Nationalsozialisten zumindest anfänglich attraktiv. Der britische Historiker Michael Burleigh hat darauf aufmerksam gemacht, wie bedeutsam der Aspekt der Mobilisierung des Gemeinschaftsgefühls für den Erfolg des Nationalsozialismus war: „Die Nazis hatten einiges zu bieten: das Versprechen der Zugehörigkeit, als Gegenentwurf zu einer Gesellschaft, die bis dahin von tiefen Gegensätzen zerfurcht gewesen war; einen dynamischen Aufbruch, wo bis dahin Stagnation gewesen war; den Anspruch, in einer Gesellschaft, in der materielle Interessen alles andere zu überlagern schienen, Träger einer idealistischen Mission von fast nationalem Zuschnitt zu sein."[35] Aber, es war eben nicht mehr das Deutschland, für das die *Freiburger* brannten. So war es eben auch der unbedingte Vorrang des Nationalen, der dazu führte, dass sich im Widerstand gegen den Nationalsozialismus, und besonders in dem des 20. Juli 1944, zahlreiche national-kommunitär geprägte Menschen zusammenfanden. Ihre Treue zum Projekt dessen, was sie als ihre Nation verstanden, war größer als ihre Bindung an eine Regierung, die in ihrem Willkürcharakter gerade dieses Projekt zerstörte: Widerstand aus Loyalität zu Deutschland.

Eucken, Lampe, Ritter, von Dietze und Böhm handelten als national-kommunitäre Patrioten. Ihr Weg führte in den Widerstand.

35 Michael Burleigh, Die Zeit des Nationalsozialismus. Eine Gesamtdarstellung, Frankfurt/M. 2000, S. 27.

Bekennen und Widerstehen: In den ersten Jahren des Nationalsozialismus

Zunächst aber hegten auch Eucken, Lampe, Ritter, von Dietze und Böhm durchaus Sympathien für den nationalen Aufbruch, den die Nationalsozialisten postulierten. Trotzdem gerieten sie alle spätestens seit der sogenannten Machtergreifung am 30. Januar 1933 mit den Nationalsozialisten in Konflikt. Das ist bemerkenswert, sieht man es vor der Folie der begeisterten „Selbstgleichschaltung" der Universitäten, die demonstrierte, „dass es keine grundsätzliche Opposition gab, sondern eher ein erhebliches Maß von Konvergenz zwischen dem inneren Kern des Glaubens der Mandarine und der Haltung des Nationalsozialismus, wie sie sich zu Anfang öffentlich darstellte."[36]

Viele dieser Auseinandersetzungen hatten geradezu einen bekenntnishaften Charakter: Angesichts einzelner Ereignisse, die den Weg der raschen Verwandlung des Präsidialkabinetts Hitler in eine Einparteien- und Führerdikatur markieren, bekannten sich Eucken, Lampe, Ritter, von Dietze und Böhm immer wieder öffentlich zur Nation als *geistiger* Gemeinschaft, zu den Prinzipien der Rechtsstaatlichkeit und Freiheit der Wissenschaft und zu allererst zur christlichen Ethik als Maßstab allen Handelns. Die von den *Freiburgern* sehr genau beobachtete nationalsozialistische Judenpolitik, die einsetzende Ausgrenzung und Verfolgung der Juden spielte dabei eine zentrale Rolle: nicht nur aus Sympathie, Mitleid und Solidarität mit den Verfemten und Entrechteten, sondern auch weil sich an der Behandlung der Juden der Unrechtscharakter und die fehlende Moral des Regimes sehr schnell und besonders deutlich zeigten.

36 Saul Friedländer, Das Dritte Reich und die Juden. Die Jahre der Verfolgung 1933–1939, München 1998, S. 72.

Eucken und Lampe gehören während der Rektoratszeit Martin Heideggers 1933/34 zu den Opponenten des „Umbruch-Ideologen"[37], der die „geistige Führung"[38] in Deutschland beanspruchte. Der Konflikt erscheint in gewisser Weise vorprogrammiert. In seiner berühmten Rede aus Anlass seines Antritts als Rektor der Universität vom 27. Mai 1933 hatte Heidegger nicht nur gefordert, die „vielbesungene ‚akademische Freiheit' [...] aus der deutschen Universität zu verstoßen" und sie zu einer Wahrheit zurückzubringen, aus der „sich künftig Bindung und Dienst der deutschen Studentenschaft" in dreifaltiger Weise entfalten: Bindung an die „Volksgemeinschaft" durch Arbeitsdienst, Bindung „an die Ehre und das Geschick der Nation" durch Wehrdienst und Bindung „an den geistigen Auftrag des deutschen Volkes" durch „Wissensdienst".[39] Heidegger spricht auch einen Satz, der die transmoralische, alle Ethik aussparende Tendenz seines Denkens auf den Punkt bringt und für einen überzeugten Christen, erst recht für einen Lutheraner, an den Kern der Identität gehen muss: „Wir wollen uns selbst."[40] Dieser Satz könnte der Schlüssel zum Verständnis dafür sein, warum Eucken und Lampe von Anfang an auf Distanz zu Heidegger gingen, ja in Konflikt mit ihm geraten mussten. Hier kommt ein allein auf sich selbst bezogenes, nicht an irgendeine übergeordnete Ethik rückgebundenes

37 Franz Böhm über Martin Heidegger in einem Brief an Frau Eucken vom 15.4.1977, in: ACDP, NL Böhm, I-200-003/6.

38 So eine wichtige Formulierung Heideggers in der berühmten Rektoratsrede: Martin Heidegger, Die Selbstbehauptung der deutschen Universität. Rede, gehalten bei der feierlichen Übernahme des Rektorats der Universität Freiburg i. Br. am 27.5.1933, 2. Aufl. Frankfurt/M. 1990, S. 18.

39 Ebenda, S. 15ff.

40 Ebenda, S. 19.

Gemeinschaftsverständnis zum Ausdruck. Hier hat die Säkularisierung gleichsam ihren reinsten Ausdruck gefunden. Eine Verantwortung des Menschen vor Gott, auf der nach Meinung der *Freiburger* jede Gemeinschaft gründen muss, existiert nicht mehr. Stattdessen stellt sich der Mensch in die Mitte der Wirklichkeit und will sich selbst als diese Mitte. Dabei macht es wenig Unterschied, ob der Mensch als einzelner oder als ein Kollektiv diesen Platz in der Mitte der Wirklichkeit usurpiert.

Heidegger scheint eine Zeitlang der Überzeugung gewesen zu sein, dass im Nationalsozialismus etwas durchbrechen würde, was in seinem Werk angelegt war und was nur er zu deuten in der Lage wäre. Walter Eucken hatte sehr früh diesen Anspruch Heideggers durchschaut und kritisiert. Kurz nach dem Start als Rektor der Universität und noch zwei Wochen vor der Antrittsrede beklagt er gegenüber Prorektor Prälat Sauer die angespannte Situation in der Universität: „Es mache den Eindruck, als ob er ganz für sich, nach dem Prinzip der Führersystems fuhrwerken wolle. Heidegger fühle sich offenbar als der geborene Philosoph und geistige Führer der neuen Bewegung, als der einzige und überragende Denker seit Heraklit.“[41] Als am 16. Mai 1933 das

41 Aus dem Tagebuch von Prälat Joseph Sauer, zit. n. Hugo Ott, Martin Heidegger als Rektor der Universität Freiburg i. Br. II. Die Zeit des Rektorats von Martin Heidegger (23. April 1933 bis 23. April 1934), in: Zeitschrift des Breisgau-Geschichtsvereins, 103 (1984), S. 107–130, S. 109. Einen ähnlichen Tenor weist eine Passage in einem Brief Gerhard Ritters an Nicolai Hartmann vom 15.3.1937 auf: „Und was erlebe ich hier als Korreferent Heideggerscher Doktorarbeiten über geschichtliche Gestalten! Von Aristoteles über Meister Ekkehart, Luther, Kant und Hegel bis zu Bergson: alle großen Philosophen der Weltgeschichte sind Vorläufer, Vorahnungen, Vorstufen oder gar Zeugen Heideggerschen Denkens: Sie alle verkünden den kommenden Meister gleichsam voraus; oder aber, soweit sie das nicht tun, verkennen sie ihre eigentliche historische Mission. Ist das Geschichte oder Phantasie?“, in: Ritter 1994, Nr. 76.

Haus der jüdischen Verbindung Neo-Friburgia, die sich bereits am 20. April hatte auflösen müssen, gewaltsam von Studenten besetzt und am 28. Juni erneut gestürmt und geplündert wurde, diesmal unter Mitwirkung von SA-Leuten und aufgeputschten Passanten, wurde ganz deutlich: Heidegger, am 1. Mai mit großem Pomp in die NSDAP eingetreten, war bereit, die Politik der Nationalsozialisten, wie sie sich mit brutaler Abstoßung alles scheinbar Fremden und alles Oppositionellen seit nunmehr vier Monaten zeigte, aktiv zu unterstützen. Nur am Rande sei bemerkt: Wer diesen Vorfall kennt, kann über den Antisemitismus Heideggers, wie er sich in den „Schwarzen Heften" äußerte, nicht wundern. Verwunderlich ist vielmehr die Überraschung, die die vor wenigen Jahren veröffentlichten Aufzeichnungen auslösten.[42]

Zu viel für Eucken: Unter seiner Führung begab sich eine Senats-Abordnung ins Rektorat und forderte Heidegger auf, zum Schutz der jüdischen Studenten zu intervenieren und die Gewalttätigkeiten zu unterbinden. „Heidegger geriet in Erregung", schildert Eucken die Begebenheit später seinem Freund Franz Böhm, „bekam einen roten Kopf und schrie die Herren an, ob sie noch nicht begriffen hätten, daß in Deutschland eine Revolution im Gange sei."[43] Eine spätere Senatsanfrage Euckens in dieser Sa-

42 Vgl. dazu: Peter Trawny/Andrew J. Mitchell (Hrsg.), Heidegger, die Juden, noch einmal, Frankfurt/M. 2015. Hans-Helmuth Gander/Magnus Striet (Hrsg.), Heideggers Weg in die Moderne. Eine Verortung des „Schwarzen Hefte", Frankfurt/M. 2017.

43 Franz Böhm, Heidegger und der Antisemitismus, maschinenschriftliches Manuskript o. J. (1977), in: ACDP, NL Böhm, I-200-003/6. Interessant ist auch Böhms Bewertung dieser Reaktion Heideggers im selben Text: „Man mag diesen Vorgang vielleicht als ein Indiz dafür ansehen, daß Heidegger für seine Person kein Antisemit gewesen sei. Aber er beweist immerhin, daß sich Heidegger über den antisemitischen Charakter dieser deutschen „Revolution" durchaus im Klaren war und daß er sich trotzdem

che wurde ausweichend und hinhaltend beantwortet und blieb ohne tätige Reaktion des Rektors.[44] „Ta … megala panta episphalä". Mit diesem Satz Platons aus der Politeia hatte Heidegger seine Rektoratsrede beendet und gleich ins Deutsche übersetzt: „Alles Große steht im Sturm". Auch in diesem Satz steckt die Anschauung eines den rechtlichen und moralischen Maßstäben enthobenen Staates, letztlich die Anschauung der Trennung von Moral und Politik. Eine Trennung, die Walter Eucken nicht bereit war zu akzeptieren: Er avancierte zum „Sprecher der latenten Opposition im Senat"[45] und zum Anführer einer Opposition innerhalb der Fakultät gegen den am 1. Oktober 1933 von Heidegger ernannten Dekan Erik Wolf.[46]

Der Rechtsphilosoph und Kirchenrechtler, der sich später vom Nationalsozialismus lossagen und zu einem Mitarbeiter der *Freiburger Kreise* werden sollte, ist ein glühender Gefolgsmann Heideggers gewesen – wenn Heidegger also nach 1945 darauf abhob, er habe 1933 in Wolf gewissermaßen einen Gegner des Nationalsozialismus zum Dekan ernannt, dann schiebt er den späteren Wolf unter. Eucken, Lampe, Ritter und Böhm werden Wolfs Vortrag über „Richtiges Recht im Nationalsozialismus",

nicht davon hat abbringen lassen, der NS-Revolution und ihrem Führer vorbehaltlos zu huldigen. Ob man sich aus Antisemitismus einer antisemitischen Revolution anschließt oder sich aus einer anders motivierten Begeisterung für eine solche Revolution zum aktiven Komplizen einer antisemitischen Politik macht, das ist doch wohl ein recht uninteressanter Unterschied."

44 Senatssitzung am 12. Juli 1933, Senatsprotokoll, in: Universitätsarchiv Freiburg, Senatsprotokolle, A 10/Bd.107.

45 Rübsam/Schadek 1990, S. 26.

46 Zu Erik Wolf vgl. Alexander Hollerbach, Im Schatten des Jahres 1933. Erik Wolf und Martin Heidegger, in: Bernd Martin (Hrsg.), Martin Heidegger und das „Dritte Reich". Ein Kompendium, Darmstadt 1989.

gehalten Anfang Dezember 1933 in der Freiburger Universität, sehr genau verfolgt haben: „Richtiges Recht, d.h. also unser wirkliches Recht", hieß es hier, „kann [...] nur das Recht des Nationalsozialismus im Dritten Reich sein." Und: Der Nationalsozialismus habe es „in einer zuvor kaum in Ansätzen vorhandenen Weise vermocht, die Rassenzugehörigkeit zum geistigen und politischen Erlebnis weiter Volksteile zu machen."[47] Auf einer oberflächlichen Ebene war es die Art und Weise seiner Amtsführung, die Eucken und Wolf heftig aneinandergeraten ließ. Untergründig spielte aber in diesem Konflikt auch die universitäre Reaktion auf die nationalsozialistische Judenpolitik eine Rolle. Gegenüber seinem Vetrauten Prälat Sauer beklagt Eucken nicht nur Wolfs „Fanatismus" und seine „abgöttische Anbetung von Heidegger". Seine eigentliche Empörung gilt Wolfs Charakterlosigkeit hinsichtlich der verfolgten jüdischen Kollegen: „Wolf habe, auf das Schicksal des mit ihm befreundeten Kollegen Gerhard Husserl (ein Sohn Edmund Husserls, der als Professor nach dem Reichsgesetz zur Wiederherstellung des Berufsbeamtentums beurlaubt worden war, Anm. T.K.) angesprochen, nur ein bedauerndes Achselzucken gehabt. Als Gerhard Husserl unlängst Erik Wolf getroffen habe, habe dieser geäußert: „Es ist ja sehr bedauerlich, daß Sie jetzt in eine solche unangenehme Lage gekommen sind. Das ist aber ein von Gott geschicktes Martyrium,

47 Erik Wolf, Richtiges Recht im nationalsozialistischen Staate. Vortrag im Rahmen der von der Universität veranstalteten Reihe „Aufgaben des geistigen Lebens im nationalsozialistischen Staat" gehalten am 7.12.1933, Freiburg/Brsg. (=„Freiburger" Universitätsreden 13) 1934, S. 10, 14. Vgl. in ähnlicher Weise auch: Erik Wolf, Das Rechtsideal des nationalsozialistischen Staates, in: Archiv für Rechts- und Sozialphilosophie, 28 (1934/35), S. 348–363.

das Sie würdig tragen müssen und bei dem auch niemand Ihnen helfen darf."[48] Wie angewidert Eucken von Wolfs Verhalten gewesen sein muss, lässt eine Bemerkung ahnen, die Eucken nach der Verabschiedung der Nürnberger Gesetze im September 1935 seinem Tagebuch anvertraute. Unter dem 21. Oktober 1935 heißt es: „Alle Juden werden beurlaubt oder aus dem Staatsdienst entlassen. Überall Mißhandlungen. Diese Sünde, die das deutsche Volk begeht, indem es wehrlose Menschen seelisch und körperlich mißhandelt, wird sich an ihm furchtbar rächen. Gott ist auch ein rächender Gott."[49]

Nach Heideggers Rücktritt vom Rektorenamt, zu dem – zumindest formal – die ständigen Querelen um Erik Wolf geführt haben, zog sich Eucken, dessen politische Meinung damals die Spatzen von den Dächern pfiffen, etwas aus dem (hochschul-) politischen Geschehen zurück. Er wollte seine wissenschaftlichen Arbeiten voranbringen. Seine Vorlesungen scheinen aber zum Treffpunkt all derer, die wie Eucken Hitler und sein Regime verabscheuten, geworden zu sein.

Das ist natürlich auch den mehrheitlich nationalsozialistisch gesonnenen Studenten nicht verborgen geblieben. In der Studentenschaft hatte sich bald herumgesprochen, dass Eucken und seine Freunde nicht bereit waren, sich auf die Seite der Regierung zu schlagen. Die Schwiegermutter Franz Böhms, die Schriftstellerin Ricarda Huch, beschrieb im Dezember 1935 die angespannte Stimmung zwischen den Studenten und der Dozentengruppe: „Hier sind wieder große Schlachten und Siege erfochten. Zu einem Lager, das stattfinden sollte, bekam Eucken (Professor der

48 Aus dem Tagebuch von Prälat Joseph Sauer, zit. n. Ott 1984, S. 116 und Ott 1992, S. 227.

49 Aus dem Tagebuch von Walter Eucken, zit. nach Rübsam/Schadek 1990, S. 57.

Nationalökonomie in Freiburg) keine Einladung. Sofort sagten die übrigen auch ab, und es fanden Zusammenkünfte, Auseinandersetzungen statt. Schließlich hat ein hiesiger Führer der Studentenschaft Eucken brieflich um Entschuldigung gebeten, es sei ein Mißverständnis gewesen und er nehme alles zurück."[50]

Die Situation wurde jedoch im Laufe des Jahres 1936 für die *Freiburger* immer bedrückender: „Franz sieht erbärmlich aus", heißt es in einem Brief Ricarda Huchs am Ende des Wintersemesters 1935/36, „aber da das Semester jetzt vorbei ist, wird er sich rasch erholen. Daß die Doktorprüfungen noch dazu kamen und Aufregungen mit den Studenten, machte es so anstrengend. Diese letzten Affären sind zu umständlich zu erzählen; schließlich hat die feindliche Studentengruppe gesagt, Eucken, Großmann, Franz und Lampe müßten umgebracht werden. Mir war deswegen nicht bange, aber ob nicht doch für Franz schlimme Folgen daraus erwachsen, wer weiß das?"[51] Im Juni 1936, Böhm nimmt inzwischen eine Lehrstuhlvertretung in Jena wahr, kommen die Freiburger Freunde ihn dort besuchen: „Sie waren sehr still", berichtet Huch, die seit 1927 im Böhmschen Haushalt lebte, „und Franz erzählte nachher, es herrsche tiefe Niedergeschlagenheit, und sie sähen pessimistisch in die Zukunft [...] Die Studentenschaft ist eben überwiegend in der Hand der Regierung."[52]

Besonders für Eucken wurde die Situation immer bedrohlicher. Im Frühjahr 1937 wendet sich Eucken mit der Bitte um Unterstützung an den Rektor der Universität. Es seien Gerüchte

---

50 Ricarda Huch an Marie Baum, 1.12.1935, in: Ricarda Huch, Briefe an die Freunde, hrsg. von Marie Baum, Neubearbeitung von Jens Jessen, Zürich 1986, S. 248f.

51 Ricarda Huch an Marie Baum, 23.2.1936, in: Marie Baum, Leuchtende Spur. Das Leben der Ricarda Huch, Tübingen-Stuttgart 1950, S. 361ff.

52 Ricarda Huch an Marie Baum, 16.6.1936, in: Ebenda, S. 364.

im Umlauf, denen zufolge er „nicht rein arischer Abstammung" sei, „früher politisch links gestanden" habe und seinen Frau Jüdin sei. „Viertens werden über meinen verstorbenen Vater, den Philosophen Rudolf Eucken, Gerüchte verbreitet. Er habe politisch links gestanden und sei Freimaurer gewesen. Seinen grossen Namen in der Welt verdanke er der Freimaurerei; in diesem Zusammenhang werden sogar bestimmte Logen genannt."[53] Offensichtlich versuchten überzeugte Nationalsozialisten Eucken mit diesen Gerüchten in Misskredit zu bringen und als politisch unzuverlässigen Hochschullehrer auszuschalten. In der Tat war die Lage für Eucken ernst: Sein Name ist vermerkt in einer „Nachweisung über die am 1. April 1933 im Dienst befindlichen a) Hochschullehrer und Assistenzkräfte jüdischer Abstammung, b) aufgrund der Vorschriften des Berufsbeamtengesetzes ausgeschiedene arische Hochschullehrer und Assistenzkräfte" vom 23. Februar 1937. Eucken wird hier zu den „Noch im Dienst befindliche[n] jüdisch versippte[n] Hochschullehrer[n] und Beamte[n]"[54] gezählt, seine Frau sei „zur Hälfte Jüdin". In politischer Hinsicht sei Eucken, so der Kommentar, „nicht in Erscheinung getreten. Seine Wirtschaftsauffassung soll nicht frei von liberalen Theorien sein. Im Hinblick auf die Frontkämpfereigenschaft des Prof. Eucken und den Umstand, daß sein Name durch seinen Vater, den Philosophen Eucken internationale Bedeutung hat, wird von Weiterem zweckmäßigerweise abgesehen."[55] So blieben Eu-

53 Walter Eucken an den Rektor der Universität Freiburg, Freiburg, den 8.4.1937, in: Universitätsarchiv Freiburg, Personalakte Walter Eucken, B 24/716.

54 Veröffentlicht in Bernd Martin, Die Entlassung der jüdischen Lehrkräfte an der Universität Freiburg und die Bemühungen um ihre Wiedereingliederung nach 1934, in: Freiburger Universitätsblätter, 129 (1995), S. 7–44, S.33ff.

55 Ebenda.

cken gravierende berufliche Konsequenzen erspart. Immerhin, ein Verbot, an Tagungen im Ausland teilzunehmen, wurde ausgesprochen.

Auch Adolf Lampe war nicht bereit und in der Lage, Moral und Politik zu trennen. Lampe, von Kollegen beschrieben als „ehrlich bis zum Selbstmord“, ist bereits Anfang der zwanziger Jahre während seiner Zeit als Assistent bei Adolf Weber in München als Kritiker der Nationalsozialisten hervorgetreten. Dabei beschränkte er sich zunächst auf eine Auseinandersetzung mit den wirtschaftspolitischen Vorstellungen der Nationalsozialisten und ihrem ökonomischen Vordenker Gottfried Feder.[56] In der Auseinandersetzung mit ihm wendete sich Lampe gegen die von Feder lauthals verkündete Theorie, die als das Hauptübel der Verschuldung Deutschlands nach der Niederlage 1918 das Leihzinssystem erkannte, das durch „Brechung der Zinsknechtschaft“ überwunden werden müsse. Ganz entschieden verwahrte er sich gegen die in antisemitischen Kreisen überaus positiv aufgenommene Behauptung Feders, die Juden seien an der „Zinsknechtschaft“ Schuld.[57] In seiner Funktion als Referent an der Industrie- und Handelskammer München bemühte sich Lampe, so gibt er später über sein politisches Leben Rechenschaft, „– leider vergeblich –, das Unternehmertum gegen den

---

56 Vgl. die Korrespondenz Adolf Lampe/Gottfried Feder, März bis Juni 1923, in: ACDP, NL Lampe, I-256-KO46. Dazu auch die Anlage zum Fragebogen des Military Government of Germany, 25.2.1964, in: Ebenda, I-256-A003.2.

57 Vgl. etwa den Brief Adolf Lampes an Gottfried Feder vom 7.4.1923 (in: ACDP, NL Lampe, I-256-A003/1-2). Hier heißt es u. a.: „In dieser Richtung bin ich in meinen Darlegungen zu der hinreichend bewiesenen Behauptung gelangt, daß dem „Leihkapitalismus“ entscheidend wichtige Wirtschaftsvorgänge sind, die in ihrer grundsätzlichen Bedeutung unmöglich von der Willkür einzelner Personengruppen beeinflußt werden können.“

Dogmatiker der NSDAP, den Diplomingenieur Gottfried Feder (nachmaligen Staatssekretär) zu mobilisieren. Nach Fehlschlagen dieser Bemühungen versuchte ich Feder in einer längeren Korrespondenz zur Diskussion im Seminar Weber herauszufordern. Feder wich der Herausforderung schließlich mit unzulänglicher Begründung aus."[58]

Überhaupt erkannte Adolf Lampe die Gefahr, die im Nationalsozialismus und seinem Antisemitismus, aber gerade auch in der Apathie seiner Gegner lag, ungewöhnlich früh und scharf. Im Zusammenhang mit Hitlers Marsch auf die Feldherrenhalle am 9. November 1923 in München, den er genau beobachtete und in Briefen an seine Eltern plastisch schilderte, machte er aus seiner Verachtung für Hitler und seine Bewegung keinen Hehl: „Hitler habe ich wohl von vornherein richtig beurteilt. Er ist ein kleingeistiger ehrgeiziger Schurke. Denn für mein Empfinden liegt das Verbrechen auf seiner Seite." Zugleich beunruhigte ihn jedoch zutiefst das Verhalten der schweigenden Mehrheit während einer Versammlung an der Universität: „So feig war die ganze übrige Gesellschaft, so stand sie unter der Massenpsychose und unter dem Terror der rabiaten Hakenkreuzmänner, daß die große Mehrheit der Nicht-Antisemiten sich nicht zu ehrlicher Meinungsäußerung aufschwingen konnte." Es war für Adolf Lampe typisch, dass er die Apathie der schweigenden Mehrheit nicht ertragen konnte. Schließlich wusste er genau, wie es den von antisemitischer Hetze Betroffenen erging. Zwei Wochen vor dem Hitler-Putsch hatte er noch seinen Eltern von einem Vorfall berichtet, der ihn längere Zeit beschäftigen sollte: „Ein sehr tüchtiger Bankier – sehr sympathisch – den ich heute für die Übernahme eines Vortrages gewonnen hatte, hat mir heute abgesagt.

58 Adolf Lampe, Anlage zum Fragebogen des Military Government of Germany, 25.2.1946 (Military Government), in: ACDP, NL Lampe, I-256-K046.

Dabei unter anderem mit der Begründung, daß ihm von seinen Bekannten klar gemacht worden sei, er müsse als Jude damit rechnen, in der Universität ausgepfiffen zu werden!!!!! Sehr traurig klang seine Stimme, als er das sagte."[59]

Auch nach seiner Berufung als außerordentlicher Professor an die Universität Freiburg zum Wintersemester 1926/27 setzt Lampe seinen Kampf gegen die Nationalsozialisten fort. Dabei konzentriert sich der Finanzexperte, der in seiner Habilitationsschrift breit und außerordentlich kritisch die Vorstellungen nationalsozialistischer Wirtschaftspolitik analysiert hatte, wieder vornehmlich auf die Auseinandersetzung mit Gottfried Feders Zinsknechtschaftslehre.[60] Auch 1932 während seiner acht Wahlreden, die er an verschiedenen Orten in Baden gegen die Kandidatur Hitlers und für Hindenburg zur Reichspräsidentenwahl hielt, hielt er nicht mit seiner Überzeugung hinter dem Berg, dass er das volkswirtschaftliche Programm der Nationalsozialisten für „Unsinn" hielt.[61] In den vielen, überwiegend auf schriftlichem Wege ausgetragenen Kontroversen legte Lampe stets großen Wert auf eine möglichst strikte wissenschaftliche Argumentation. Sachfremde Argumente, und dazu gehörten für ihn vor allem auch „rassentheoretische Erwägungen"[62], wollte er von der Diskussion ausgeschlossen wissen. Dieses ernsthafte Bemühen um eine Versachlichung der Debatten war jedoch zum Scheitern verurteilt: Die Nationalsozialisten sahen ja gerade in der

59 Adolf Lampe, Brief an seine Eltern, München am 13.1.1923, in: ACDP, NL Lampe, I-256-KO45/2.

60 Vgl. Adolf Lampe, Zur Theorie des Sparprozesses und der Kreditschöpfung, Jena 1926. ACDP, NL Lampe, I-256-AOO3.2.

61 Vgl. ACDP, NL Lampe, I-256-AOO3.2 (Military Government).

62 Vgl. z. B. den Brief Adolf Lampes an Stadtrechner Fritz Jäger (Karlsruhe) vom 15.3.1932, in: ACDP, NL Lampe, I-256-AOO1/1-3.

sogenannten Judenfrage den Kern der meisten Probleme. Das galt auch und gerade für die Wirtschaftspolitik.

Einen Vorgeschmack auf die Irrationalität „gläubiger" Nationalsozialisten hatte Lampe bereits in der Auseinandersetzung mit seinem fünf Jahre älteren Bruder sammeln können. Der war, wie Lampe Anfang des Jahres 1933 schreibt, „in München als rabiater Nazi herumtobt und demzufolge ungeniessbar geworden".[63] Adolf Lampe hielt es deshalb für notwendig, sich für einige Zeit völlig von seinem Bruder zu trennen.

Trotzdem war ihm die Auseinandersetzung mit den Nationalsozialisten wichtig, ja, er schien sie gerade zu suchen. Offensichtlich hatte er sehr früh den Ernst der Lage erkannt. Er wusste, dass die Nationalsozialisten entschlossen waren, das, was sie zu ihrem Programm erkoren hatten, in die Tat umzusetzen. Er spürte die Gefahr, die von den Nationalsozialisten für Deutschland ausging. Und ihn trieb die Hoffnung, Vordenker und Parteigänger der NSDAP doch noch für rationale Argumente empfänglich machen und überzeugen zu können. Unbeirrt hielt Lampe auch nach der Machtübernahme an seinen Thesen wider das wirtschaftspolitische Programm der Nationalsozialisten fest. Das führte dazu,

63 Adolf Lampe, Brief an Prof. Dr. Georg Halm (Würzburg), Freiburg am 13.1.1933, in: ACDP, NL Lampe, I-256-KO28. Hanns Lampe hatte eine Schrift mit dem Titel „Deutschlands Befreiungskampf aus den Klauen der internationalen jüdischen Hochfinanz" verfaßt. Interessant ist in diesem Zusammenhang auch der Briefwechsel zwischen Adolf und Hanns nach dem Zusammenbruch 1945, in dem sie der nationalsozialistischen Judenverfolgung viel Platz einräumen. Am 16.3.1946 schreibt Adolf Lampe an seinen Bruder: „Vielleicht erinnerst Du Dich auch daran, […] daß Du Dich weit über die Furchtbarkeiten der staatlich inszenierten Judenverfolgungen hinaus uns gegenüber auf die Macht und Herrlichkeit des dritten Reiches berufen hast?" Die Korrespondenz zwischen den Brüdern ist nachzulesen in ACDP, NL Lampe, I-256-KO28.

dass bereits im Mai 1932 NSDAP-Gauleiter Robert Wagner gegen ihn Stellung bezog[64] und nach der „Machtergreifung" Untersuchungen aufgrund §4 des „Gesetzes zur Wiederherstellung des Berufsbeamtentums" („politische Unzuverlässigkeit") eingeleitet wurden. Im April 1933 kam es zur ersten Denunziation.[65] Obwohl er jetzt täglich mit seiner Entlassung aus dem Amt rechnen musste, weigerte er sich, der NSDAP beizutreten. Lampe war nicht bereit, Abstriche von seinen Überzeugungen zu machen, auch und gerade im Hinblick auf seine Einstellung zur mit der nationalsozialistischen Wirtschaftspolitik verquickten Judenpolitik. Das kommt exemplarisch in einem Gedächtnisprotokoll zum Ausdruck, das er gleich nach einem Gespräch mit einem Herrn Dr. Jordan von der Freiburger Industrie- und Handelskammer Ende November 1933 angefertigt hatte. Vorausgegangen war dem Gespräch die auf der Denunziation des Syndikus der Industrie- und Handelkammer Freiburg Gustav Schneider (im Protokoll als Sch. abgekürzt) beruhende Kritik Jordans, Lampe hätte Feder und Hitler beschimpft, ersteren als „Professor der Pinselkunde". In der Erinnerung Lampes verlief das Gespräch, das den Charakter und die Überzeugungen Lampes eindrücklich zum Ausdruck bringt, folgendermaßen:

> „Prof. Lampe: Deute meinen staatsbürgerlichen Lebenslauf an, und bemerke, daß meine nationale Zuverlässigkeit so sehr außer Frage stünde, daß ich mir jedenfalls nicht von irgendeinem jungen Mann solche Schwierigkeiten in den Weg legen ließe, wie es

64 In: Der Führer. Hauptorgan der NSDAP Gau Baden, Folge 129 vom 26.5.1932.

65 Vgl. Hugo Ott/Bernd Grün, Das Rektorat Heidegger: ein schwieriges Kapitel der Freiburger Universitätsgeschichte, in: Freiburger Universitätsblätter, 145 (1999), S. 155–170.

Herr Dr. Sch. mit seiner offenbar das Material unvollständig weitergegebenen Anzeige getan habe.
Dr. Jordan: Nationale Zuverlässigkeit stehe nicht zur Diskussion, sondern die nationalsozialistische.
Prof. Lampe: Anderer Meinung. §4 Berufsbeamtengesetz spricht von nationaler Zuverlässigkeit. Im übrigen glaubte ich besserer Nationalsozialist nach Gesinnung zu sein, als mancher, der der Partei angehört. Einzelheiten mache ich allerdings nicht mit. Z. B. Arierparagraf.
Dr. Jordan: Dann sind Sie nicht Nationalsozialist. Die Blutfrage ist für den neuen Staat unbedingt wesentlich.
Prof. Lampe: Schwerpunkt auf Gemeinwohlgedanken liegend, so auf Dienstbereitschaft und -einsatz. Ohne egoistische Ziele. Behaupte in dieser Hinsicht alles mir mögliche getan zu haben. Als kleines Beispiel Arbeit in und für die volkswirtschaftliche Gesellschaft (ein nichtöffentlicher Kreis von Wirtschaftspraktikern, Nationalökonomen, Assistenten und Studenten, den Lampe in Kooperation mit der IHK gegründet hatte, Anm. T. K.). Es folgt kurze Erörterung zur Judenfrage, in der aber nichts zur mir hier wichtigen Sache wesentliches gesagt wird."[66]

Nach einem halben Jahr wurde dieses erste Verfahren niedergeschlagen. Allerdings sollten ihm bis zum Ende des Dritten Reichs zwölf weitere folgen. Die meisten beruhten auf Denunziationen. Von der Unangreifbarkeit seiner Gegenspieler gereizt, reagiert Lampe auf eine besonders hinterhältige Denunziation des Studentenführers und Reichsfachschaftsleiter der Volkswirte Ottokar Lorenz sogar mit einer „Forderung auf schwere Säbel". Die radikale, bis zum letzten gehende intellektuelle Gegnerschaft

66 Gedächtnisprotokoll Gang der Unterredung mit Dr. Jordan am 24. November 1933, 24.11.1939, in: ACDP, NL Lampe, I-256-AOO1/1-3.

Lampes zum Nationalsozialismus kommt in der Begründung seiner Duellforderung zum Ausdruck. Es gehe darum, erklärte sich Lampe dem Freiburger Dozentenschaftsführer, „daß bestimmten unsauberen Elementen um Deutschlands Willen das Handwerk gelegt wird. [...] Für Deutschland habe ich mein Leben jahrelang eingesetzt und ich werde mich gewiß nicht scheuen dürfen, es jetzt für einige Minuten zu tun!“[67]

Natürlich hatte sich die unbeugsame Haltung Lampes bis zu Martin Heidegger herumgesprochen. In seinen Kreisen galt Lampe als politisch überaus unzuverlässig. Zu Beginn des Sommersemesters 1934 kam es zu einer heftigen Kontroverse zwischen Heidegger und Wolf auf der einen und den Mitgliedern der Rechts- und Staatswissenschaftlichen Fakultät auf der anderen Seite. Thema: die Vertretung des vakanten nationalökonomischen Diehl-Lehrstuhls, der noch im vorangehenden Wintersemester von Lampe, offensichtlich auf Wunsch des Emeritus, vertreten worden war. Heidegger und Wolf sprachen sich gegen die weitere Vertretung durch Lampe aus, weil dieser ihnen „liberalistisch“ und nicht genügend national ausgerichtet erschien. Ihnen war an einem Vertreter des neuen Geistes als Antipoden zu Walter Eucken gelegen. Hinzu kam, dass die NS-Studentenschaft Adolf Lampe wegen seiner wissenschaftlichen und politischen Überzeugungen unter starken Beschuss genommen hatte.[68] Die Kreisleitung der „Freiburger“ NSDAP ersuchte sogar das Badische Kultusministerium, zu prüfen, „ob Lampe als Hochschullehrer und Erzieher der deutschen Jugend tragbar“ sei und begründete diese Eingabe mit seinem „blinden Haß gegen den

67 Vgl. ACDP, NL Lampe, I-256-AOO6.

68 Der Führer der Studentenschaft Knieß an die Kreisleitung der NSDAP in Freiburg, 10.8.1933, in: Generallandesarchiv Karlsruhe, 235/8904.

Nationalsozialismus"[69]. Rektor Heidegger war diese Lehrstuhlangelegenheit also aus politischen Gründen durchaus wichtig. Als der Heidegger in Treue ergebene Erik Wolf nun damit begann, die weitere Vertretung durch Lampe zu hintertreiben, begab sich dieser zum Minister und legte Dienstaufsichtsbeschwerde gegen seinen Dekan ein. Heidegger, der sein Rektorat aus vielerlei Gründen als gescheitert betrachten musste, fühlte sich hintergangen und nutzte den Anlass, um Ende April 1934 seinen Rücktritt einzureichen. Lampe durfte nicht weiter vertreten. Ein Ordinariat blieb Lampe bis 1946 verwehrt, gleichwohl seine fachlichen Qualitäten in der „scientific community" gepriesen wurden und seine Fakultät immer wieder eine ordentliche Professur für ihn beantragt hatte.

Mundtot ließ Lampe sich jedoch nicht machen. Seine Vorlesungen, wurden sie nun auch „nur" von einem außerordentlichen Professor gehalten, hatten immer auch einen Charakter der Abgrenzung gegenüber dem Nationalsozialismus. Auch durch seine Publikationstätigkeit, die wie bei anderen „politisch Unzuverlässigen" mehr und mehr beschränkt wurde, versuchte Lampe gegen bestimmte Ziele des Nationalsozialismus zu argumentieren. So kann seine „Allgemeine Wehrwirtschaftslehre", erschienen 1938, als ein Werk gelesen werden, das vor einem Krieg warnen wollte. „Mein Ziel war", so erinnert sich Lampe kurz nach dem Krieg, „dort die ungeheuren kriegswirtschaftlichen Schwierigkeiten, mit denen Deutschland zu rechnen hatte, eindringlich darzustellen und klarzumachen, daß diese nicht durch zwangswirtschaftliches Herumkommandieren von Generalstäblern überwunden werden könnten. Auf diese Weise wünschte ich

69 NSDAP, Gau Baden, Kreis Freiburg an das badische Kultusministerium, 11.8.1933, in: Generallandesarchiv Karlsruhe, 235/8904.

meinen Teil zur Hemmung derjenigen Kreise beizutragen, die deutlich genug auf Krieg abzielten."[70]

Auch Gerhard Ritter hatte sehr früh die Gefahren identifiziert, die vom Nationalsozialismus ausgingen.[71] Mit einer Warnung gegen den um sich greifenden ungehemmten Nationalismus begann Ritter 1930 in einer akademischen Rede in Freiburg seinen Kampf gegen Hitler.[72] Wie Lampe hatte er sich, wenn auch nach Lampes Ansicht zu halbherzig, 1932 im Wahlkampf zur Wahl des Reichspräsidenten gegen Hitler und für Hindenburg engagiert und unter anderem eine „Riesenversammlung der Antinazis in der Stadthalle geleitet".[73] In den Wochen nach der nationalsozialistischen Machtübernahme setzte er sich dafür ein, seine alte Partei, die Deutsche Volkspartei (DVP), für eine Opposition gegen die Hitler-Hugenberg-Regierung zu gewinnen. In einem programmatischen Brief an den Vorsitzenden der DVP, Eduard Dingeldey, plädierte er für eine Rückkehr Deutschlands zu einem „echten nationalen Idealismus", der von der Nation als „Geistes"- „und nicht als „Rassengemeinschaft" ausgehen müsste.[74]

Dass er, der im zeitgenössischen Sprachrepertoire verhaftet war und durchaus auch unreflektiert mit dem Rasse-Begriff hantierte, den Antisemitismus in dem Moment aktiv zu bekämpfen

70 Vgl. ACDP, NL Lampe, I-256-AOO3.2 (Military Government).

71 Klaus Schwabe, Zur Einführung: Gerhard Ritter – Werk und Person, in: Ritter 1984, S. 1–170; Matthiesen, Gerhard Ritter, Studien zu Leben und Werk bis 1993, 2 Bde., Egelsbach 1993; Christoph Cornelißen/Gerhard Ritter, Geschichtswissenschaft und Politik im 20. Jahrhundert, Düsseldorf 2011.

72 Vgl. dazu Schwabe 1984, S. 77ff.

73 Gerhard Ritter, Erfahrungen und Erlebnisse, in: Notizen. Studentenzeitung für Stuttgart und Tübingen, 46 (1963) 46, S. 27–34, S. 27.

74 Gerhard Ritter, Brief an Eduard Dingeldey, Freiburg am 6.2.1933, in: Ritter 1984, S. 256ff.

begann als dieser zum staatlichen Programm wurde, belegt eine Reihe von Quellen. So protestierte er gemeinsam mit Walter Eucken gegen die antisemitische Tendenz des Leipziger Aufrufs NS-naher Wissenschaftler vom 11. November 1933. In einem Schreiben an das Auswärtige Amt machte Ritter deutlich, warum er den Aufruf nicht unterschreiben könne: es fehle jede „Bemerkung über die Unabhängigkeit unserer Meinungsbildung und die Freiheit wissenschaftlicher Lehre", und der „grundsätzliche Ausschluß aller Nichtarier, auch der nach dem Beamtengesetz als Hochschullehrer voll anerkannten" sei nicht akzeptabel.[75] Dass er entschieden war, dem durch die nationalsozialistische Judenpolitik entstandenen Klima zu widerstehen, wurde deutlich, als er sich als einer der ganz wenigen Angehörigen der Freiburger Philosophischen Fakultät im April 1938 beim Begräbnis Edmund Husserls einfand. Das war der weltbekannte Begründer der phänomenologischen Philosophie und Lehrer Martin Heideggers. Wegen seiner jüdischen Herkunft war er verfemt.[76] Heidegger dagegen, der 1927 seine Dankbarkeit gegenüber dem Lehrer in eine Widmung zu seinem Hauptwerk „Sein und Zeit" gegossen hatte, diese jedoch auf Druck des Verlegers Anfang der vierziger Jahre zurückzog, tauchte nicht auf. Nach 1945 ließ er verlauten, er habe am Tage der Beerdigung „krank zu Bett" gelegen und deshalb nicht kommen können. Gegenüber dem Vorsitzenden des Bereinigungsausschusses der Freiburger Universität ergänzte Heidegger nach dem Krieg: „Ich habe allerdings nach meiner

75 Gerhard Ritter, Brief an Ministerialdirektor Friedrich Stieve, Auswärtiges Amt, Freiburg am 23.12.1933, in: Ritter 1984, S. 267f. In diesem Sinne aufschlussreich sind auch die nach 1933 erfolgten Auslassungen in Ritters Vorlesung zur „Deutschen Geschichte im 19. Jahrhundert", vgl. ebenda, S. 693.

76 Zit. n. Ott 1992, S. 167f.

Genesung nicht an Frau Husserl geschrieben, was ohne Zweifel ein Versäumnis war; der Beweggrund war schmerzliche Scham über das, was inzwischen – weit über das erste Gesetz hinausgehend – gegen Juden geschah und dem man machtlos gegenüber stand."

Zu einem ersten offenen Zusammenstoß zwischen Gerhard Ritter und den Nationalsozialisten kam es 1934. Da bezeichnete er den Repräsentanten der Deutschen Christen und Reichsbischof („Reibi") Müller als „Vogelscheuche".[77] Als einer von ganz wenigen Historikern stellte Ritter sich hinter seinen Kollegen Hermann Oncken als dieser 1934 im Völkischen Beobachter heftig angegriffen und wegen angeblichen Opportunismus und charakterlicher Unzuverlässigkeit vorzeitig emeritiert wurde. Die Attacken gegen Oncken führten zudem dazu, dass Ritter seine Mitarbeit an der Historischen Zeitschrift aufkündigte, dem seit 1935 unter der Schriftleitung des überzeugten Nationalsozialisten Karl Alexander von Müller stehenden führenden Organ der deutschen Historikerzunft.[78]

Keine Frage, Ritter ging in einigen seiner während der NS-Zeit entstandenen Publikationen auch eine Reihe von Konzessionen mit dem Regime ein. Und freilich ließen Ritter, der sich stets für einen starken deutschen Nationalstaat eingesetzt und zu dessen prägenden Erfahrungen die deutsche Niederlage 1918/19 gehört hatte, die anfänglichen Erfolge der Hitler-Regierung nicht unberührt. So rühmte er etwa den Anschluss Österreichs als die „kühnste und glücklichste außenpolitische Tat unserer neuen Staatsführung", die den deutschen Opfern im

77 Gerhard Ritter, Brief an den Rektor der Universität Freiburg, Freiburg am 2.4.1935, in: Ritter 1984, S. 280.
78 Schwabe 1984, S. 74.

Ersten Weltkrieg nachträglich einen tieferen Sinn verliehen hätte.[79] Aber: Nie ließ er sich in seiner grundsätzlichen Gegnerschaft zur nationalsozialistischen Regierung beirren. Wie wenig bereit er war, mit seiner Meinung hinter dem Berg zu halten, wurde deutlich, als er 1938 auf dem Zürcher Welthistorikertag öffentlich und vor internationalem Publikum Stellung bezog gegen eine Umdeutung der Biografie Martin Luthers im völkischen Sinne. Seine Intervention gegen den Vortrag des Kieler Theologen und Kirchenhistorikers Otto Scheel, der Luther als „völkischen Revolutionär"[80] erscheinen ließ, verursachte helle Aufregung. Ohnehin hatte das Reichsministerium, das im Vorfeld des Kongresses bereits Informationen über Ritter eingeholt hatte, ihn nur in die Schweiz fahren lassen, weil man befürchtete, die Abwesenheit des berühmten Gelehrten würde im Ausland negativ vermerkt werden.[81] Nun wurde durch Ritter den ausländischen Historikern „das Bild geboten", „daß ein deutscher Historiker den anderen einer einseitigen Aktualisierung des Geschichtsbildes beschuldigte und damit den ohnehin dauernd in dieser Richtung gegen uns erhobenen Vorwürfen eine erwünschte und nach unserer aller Eindruck eben so ungerechtfertigte wie

79 Gerhard Ritter, Großdeutsch und Kleindeutsch im 19. Jahrhundert. Vortrag vom Juni 1938, in: Ders., Lebendige Vergangenheit, Leipzig 1944, S. 285.
80 So die Einschätzung von Walter Frank. S. der Präsident des Reichsinstituts für Geschichte des neuen Deutschlands an den Reichsminister für Wissenschaft, Erziehung und Volksbildung vom 28.9.1938, in: BA, Abt. III, Außenstelle Berlin-Zehlendorf (ehemals Berlin Document Center), Gerhard Ritter, Reichserziehungsministerium (REM).
81 Vgl. Sicherheitsdienst des Reichsführers SS, SD-Oberabschnitt Elbe, Unterabschnitt Dresden-Bautzen an das Ministerium für Volksbildung Dresden-N., in: BA, Abt. III, Außenstelle Berlin-Zehlendorf (ehemals Berlin Document Center), Gerhard Ritter, Reichserziehungsministerium (REM). Ritter wird hier als „hervorragender und dafür gefährlicher Vertreter einer geistig-politischen Reaktion an der Hochschule" eingeschätzt.

unangebrachte Unterstützung verlieh." So berichtet der eifrige Informant Dr. Erich Botzenhart, ein aufstrebender, ehrgeiziger Historiker, dem Präsidenten des „Reichsinstituts für Geschichte des neuen Deutschland" Walter Frank. Politisch gesehen sei dieser Vorstoß eine „ungeheuer aufschlußreiche Bekundung des noch immer mächtig nachwirkenden Geistes der Oncken-Meinecke-Schule, von der Ritter herkommt, die ihre eigene blutleere Geschichtsauffassung für die einzig objektiv haltend, gegen jede völkische Geschichtsbetrachtung sofort und instinktiv mit dem Vorwurf einseitiger Geschichtsfälschung reagiert und reagieren muß."[82] Der so alarmierte Frank, der sich ohnehin über Ritters Eintreten für Oncken geärgert hatte, hielt es wenig überraschend für notwendig, „den um Professor Ritter gebildeten Oppositionsherd nunmehr endgültig zu liquidieren und Professor Ritter jener Universität Basel zu überlassen, wo sein politischer und kirchlicher Gesinnungsgenosse Karl Barth bereits sinngemäß sein Domizil aufgeschlagen hat."[83] Frank betrieb nun Ritters Entfernung aus dem Professorenamt. Das Ministerium beschränkte sich jedoch darauf, Ritter mit einem Auslandsreiseverbot zu belegen, das bis 1943 aufrechterhalten wurde.

Von den Mitgliedern der Kerngruppe der späteren *Freiburger Kreise* hat vielleicht Constantin von Dietze anfänglich die größten Hoffnungen in den Nationalsozialismus gesetzt. Wenn er

82 Dr. Erich Botzenhart, Brief an den Präsidenten des Reichsinstituts für Geschichte des neuen Deutschlands, Prof. Dr. Walter Frank, 15.9.1938, in: BA, Abt. III, Außenstelle Berlin-Zehlendorf (ehemals Berlin Document Center), Gerhard Ritter; Reichserziehungsministerium (REM).

83 Der Präsident des Reichsinstituts für Geschichte des neuen Deutschlands an den Reichsminister für Wissenschaft, Erziehung und Volksbildung vom 28.9.1938, in: BA, Abt. III, Außenstelle Berlin-Zehlendorf (ehemals Berlin Document Center), Gerhard Ritter, Reichserziehungsministerium (REM).

1936 in einem öffentlich gehaltenen Vortrag feststellt, wie freudig „der nationale, soziale und sittliche Schwung der Bewegung empfunden" und wie „dankbaren Herzens die Überwindung von Schwächen und Unwürdigkeiten der Vergangenheit sowie die Aussicht auf eine Wiedergewinnung sittlicher Grundlagen für das Zusammenleben der Völker begrüßt" wurde[84], dann scheint von Dietze auch von seinen eigenen Erwartungen und Emotionen gesprochen zu haben.[85] Gerade er jedoch, der in seinem wissenschaftlichen Œuvre mehr als jeder andere um die Bestimmung eines Verhältnisses zwischen Nationalökonomie und Theologie rang und stets die Frage nach dem verantwortlichen Leben des Menschen stellte[86], ertrug es nicht, wie durch die nationalsozialistische Ideologie und Regierungspraxis „die Verlogenheit in alle Teile des deutschen Lebens eindrang".[87] Der unbe-

---

84 Constantin von Dietze, Mein Glaube in meinem Beruf. Vortrag für die Evangelische Woche Berlin am 20.11.1936, maschinenschriftliches Manuskript mit zahlreichen handschriftlichen Korrekturen, in: UBF, NL von Dietze, K112, M.7, S. 5.

85 Aufschlussreich sind in diesem Zusammenhang auch die in der Haft 1944/45 entstandenen Erinnerungen. Hier heißt es: „Wie ich schon schilderte, hatte ich gerade für junge Menschen, die von der nationalsozialistischen Bewegung begeistert waren, viel Verständnis. Ich selbst konnte ihr jedoch nicht beitreten. Nicht nur war ich, dem Vorbilde Serings folgend, der Auffassung, dass gerade ein nationalökonomischer Professor am besten daran tue, überhaupt keiner Partei sich anzuschliessen. Mich hielten auch mehrere Beobachtungen, die ich immer wieder machte, von den Nationalsozialisten ab. So sehr ich für die Befreiung Deutschlands von der aussenpolitischen Bedrückung im Innersten erwärmt, ja, erhitzt war, […] so empfand ich doch schon sehr frühzeitig vieles, was die Nationalsozialisten dachten und trieben, als unzulässig, ja, manches als wirklich schlecht." Constantin von Dietze, Erinnerungen, UBF, NL von Dietze, S. 348.

86 Constantin von Dietze, Volkswirtschaftspolitik, Jena 1936.

87 Constantin von Dietze, Der Zerfall der Wahrheit im Dritten Reich, Universitätsvortrag von C. v. Dietze, Freiburg, 11.10.1945,

dingte Wahrheitsanspruch von Dietzes führte bald zu Konflikten mit dem Regime.

Zu einer ersten Auseinandersetzung zwischen dem auf Agrarfragen spezialisierten Nationalökonom und dem NS-Regime kam es bereits 1933. Von Dietze hatte gemeinsam mit Max Sering, seinem Lehrer, Mentor, väterlichen Freund und Vorgänger auf dem Berliner Lehrstuhl, gegen den zentralen Bestandteil der nationalsozialistischen Agrarpolitik, das Reichserbhofgesetz, interveniert. Dieses vom Reichsbauernführer und Minister für Ernährung und Landwirtschaft, Richard Walter Darré, eingebrachte Gesetz sollte die „Blut und Boden"-Ideologie des Nationalsozialismus konkretisieren. Nach Sering und von Dietze waren mit diesem Gesetz jedoch „wirklich alle deutschen bäuerlichen Überlieferungen radikal gebrochen worden". Als die nach Ansicht von Dietzes wissenschaftlich begründeten Einwände ungehört verhallten, sahen von Dietze und Sering es „nach guter alter Professorenüberlieferung" als ihre Pflicht an, „die Öffentlichkeit darauf aufmerksam zu machen, daß im Bereich unseres Faches die Gesetzgebung Wege einschlug, die wir für schädlich hielten."[88] Sie verfassten eine Denkschrift und mehrere Artikel. Die Antwort kam prompt: eine heftige Kampagne gegen die beiden Kritiker. Die bereits gedruckte wissenschaftliche Zeitschrift „Weltwirtschaft" mit einem Aufsatz von Constantin von Dietze zur Thematik wurde beschlagnahmt.[89] Wenig später wurde Sering wegen seiner jüdischen Abstammung im „Stürmer" und in der „Nationalsozialistischen Landpost" verleumdet: „Jüdisch bestimmte ‚Wissenschaftlichkeit'

maschinenschriftliches Manuskript mit zahlreichen handschriftlichen Korrekturen, in: UBF, NL von Dietze, K. 10-M. 3.

88 So erinnert sich von Dietze in der Haft: Dietze, Erinnerungen, S. 400ff.

89 Ebenda, S. 403. Vgl. Korrespondenz in: UBF, NL von Dietze, K. 36, M. 4; K. 36, M. 10; K. 92, M. 7.

[...] hat im Reiche Adolf Hitlers zu schweigen. Die ‚Wissenschaft' und Agrarpolitik der Seering-Leute hat das deutsche Bauerntum auf den Hund gebracht."[90] Immer lauter tönten die Fragen, was der Universitätsprofessor von Dietze auf einem Berliner Lehrstuhl zu suchen habe. Ende 1934 folgte dann die Auflösung des von Max Sering gegründeten und nun von von Dietze geleiteten „Deutschen Instituts für Agrar- und Siedlungswesen". Bei all diesen Anfeindungen war es keine Frage für von Dietze, dass er Sering stützen und ihm auch öffentlich die Treue halten würde.[91]

1935 übernahm Constantin von Dietze die Nachfolge Werner Sombarts als Vorsitzender des 1872 gegründeten, hoch angesehenen Vereins für Sozialpolitik. Er tat das mit dem Vorsatz, den Bestand des „immerhin ehrwürdigen" Vereins zu retten. Sombart hatte nämlich bereits 1935 seine Auflösung vorgeschlagen. Als im April 1936 verlangt wurde, dass der „Verein zweifelsfrei unter nationalsozialistische Führung tritt" und das hieß auch „judenrein" werden sollte, beantragte von Dietze dann selbst seine Auflösung. Die wurde dann auch im Dezember 1936 auf der Generalversammlung vollzogen. In einem letzten Bericht an die Mitglieder betont er, dass die „Persönlichkeiten, welche den Verein wirklich belebt und getragen haben", bei allen Meinungsverschiedenheiten, in einem „immer gleichen Sinnes gewesen" seien: „Sie haben die innere Verpflichtung gefühlt, der

90 Der Stürmer, 12 (Juni 1934) 24. Stellen wörtlich abgedruckt in: Nationalsozialistische Landpost, Folge 26, 29.6.1934.

91 Aus Briefen aus der Nachkriegszeit geht hervor, daß von Dietze Reichsfinanzminister Schwerin-Krosik und Reichsbankpräsident bzw. Reichswirtschaftsminister Schacht, mit denen er bekannt war, dazu bewegen konnte, sich für den bedrängten Sering einzusetzen. Vgl. Constantin von Dietze an Prof. Dr. Kempner (Nürnberg), Freiburg, den 21.11.1947, in: UBF, NL von Dietze, K. 100, M.6; Constantin von Dietze, Gutachten über Dr. Hjalmar Schacht, in: Ebenda, K. 100, M. 7.

Gerechtigkeit im Leben des Volkes und im Wirken des Staates zum Siege zu verhelfen. Dies ist mehr als alles andere ihr bleibendes Vermächtnis. Unwandelbare Gebote bestimmen das Wesen und den Gehalt der Gerechtigkeit." Und er schließt mit den warnenden Worten des Augustinus: „Quid rei publicae, remota justitia, quam magna latrocinia?"[92]

Walter Eucken nahm diesen Artikel zum Anlass, seinem Kollegen schriftlich zu gratulieren: Der letzte Absatz sei „nicht nur ein würdiger und charaktervoller Abschluß. An ihm werden wir anzuknüpfen haben, wenn der Neuaufbau beginnt."[93]

Die Entrechtung der Juden und die Übergriffe auf sie verfolgte von Dietze sehr genau und mit Abscheu. Als er am 1. April 1933 den Boykott jüdischer Geschäfte erlebt, reagiert er noch zurückhaltend. Es habe ihn gereizt, nun erst recht in die von braun uniformierten Posten blockierten Läden zu gehen, erinnert sich von Dietze in der Haft 1944/45. „Ich unterliess es aber, um nicht gleich in öffentlichen Auseinandersetzungen in Berlin verwickelt zu sein und dadurch womöglich meine Ernennung (zum ordentlichen Professor an der Berliner Universität, Anm. T. K.) zu gefährden, die ich ja noch nicht in der Tasche hatte. Mir tut es jetzt fast leid, dass ich so vorsichtig war. Aber war für mich damals schon der rechte Zeitpunkt und die Verpflichtung, mit der ganzen Existenz mich einzusetzen? Von allem, was weiter noch kommen würde, gab dieser Boykott schon einen deutlichen Vorgeschmack."[94]

---

92 „Was ist der Staat, wo die Gerechtigkeit fehlt, anderes als eine Räuberbande?" Franz Boese, Geschichte des Vereins für Sozialpolitik, 1872–1932, Berlin 1939, S. 288ff. vgl. UBF, NL von Dietze, K.16.

93 Walter Eucken an Constantin von Dietze, Baabe (Rügen) am 2.12.1939, in: UBF, NL von Dietze, K. 114, M.5.

94 Dietze, Erinnerungen, S. 353.

Dennoch versuchte er die Folgen der nationalsozialistischen Judenpolitik in seinem unmittelbaren universitären Umfeld, wo „nicht wenige Professoren und Studenten [...] in ihrem Verhalten zu den Kollegen und Kommilitonen jüdischer Abstammung es an der gebotenen Achtung oder gar der gelobten Treue [haben] fehlen lassen“[95], weitgehend zu mildern. So nimmt er, als ein zögerlicher Dekan 1936 die agrarwirtschaftliche Dissertation eines jüdischen Doktoranden vor der Drucklegung Beamten des Reichsnährstandes zur Begutachtung überlässt, energisch Stellung gegen die Gefährdung der Freiheit der Wissenschaft und verteidigt die Thesen der Arbeit.[96] Er half jüdischen Kollegen oder ihren Witwen, wenn sie mit den Nationalsozialisten in Schwierigkeiten gekommen waren.[97] Trotz ernster Ermahnungen weigerte sich von Dietze in seinen wissenschaftlichen Arbeiten, grundsätzlich auf das Zitieren jüdischer Autoren zu verzichten.[98] Hochschulöffentlich setzte er sich dafür ein, dass „Arier“ wie Juden, Nationalsozialisten wie Nicht-Nationalsozialisten in ihren Examina nach rein wissenschaftlichen Maßstäben bewertet werden. „Prof. v. Dietze liess mir gegenüber deutlich merken“, hieß es in einem denunziatorischen Schreiben eines Kollegen an die Dozentenschaft der Berliner Universität, „dass er die betreffenden nationalsozialistischen Prüflinge für völlig unreife und

95 Dietze 1960/61, S. 96.

96 Vgl. Korrespondenz Constantin von Dietze-Reichsnährstand, in: UBF, NL von Dietze, K. 25, M.6.

97 Vgl. Dietze, Erinnerungen, S. 238.

98 Vgl. den Briefwechsel zwischen Prof. Dr. Karl Blomeyer, Jena, und Prof. Dr. Constantin von Dietze, Potsdam, vom November 1935 über die Korrekturfahnen des Buches „Volkswirtschaftspolitik“ von Constantin von Dietze, in: UBF, NL von Dietze, K.112, M.7.

oberflächliche Menschen hielt."[99] Selbstverständlich war es für Constantin von Dietze auch, dass jüdische Doktoranden ihre begonnenen Arbeiten beenden sollten. Wenigstens für einen seiner jüdischen Schüler konnte er es gegen die Opposition einiger Kollegen erreichen, dass seine Arbeit noch nach dem 15. April 1937, dem Tag, ab dem nach dem Gesetz Juden nicht mehr promoviert werden durften, angenommen wurde. Während der Monate im Gefängnis 1944/45 spielt von Dietze in einer kleinen, für seine Familie gedachten Ausarbeitung auf diese Zeit an, wenn er schreibt, das „wissenschaftliche Ethos" sei nicht „bei jedem Einzelnen stark genug, um ihm zu veranlassen, sich auf Gefahr hin einer Parteiherrschaft zu versagen" und ergänzt: „Kürzlich las ich in der Deutschen Geschichte von Schnabel, dass Gneist in den 60er Jahren des 19. Jahrhunderts schrieb: ‚Unsere höheren Stände sind überhaupt zu Hasenfüssen erzogen; warum sollten es die deutschen Gelehrten im Durchschnitt nicht sein?'"[100]

All das machte von Dietze für die Berliner Universität unhaltbar. 1936 sollte er auf dem Erlasswege nach Jena, von woher er zur Jahreswende 1932/33 in die Hauptstadt berufen worden war, „zurückversetzt" werden.[101] Er weigerte sich, nahm jedoch – nachdem er eine Verbesserung seiner bisherigen Bedingungen erhalten hatte, worauf er großen Wert legte, um den Eindruck

99 Dr. Adolf Wagner an die Dozentenschaft der Universität Berlin, z. Hd. Herrn Dr. W. Steinbeck, Berlin-Wannsee, 23.12.1936, in: Archiv der Humboldt-Universität zu Berlin, NS ZB II 1848, AK 27.

100 Constantin von Dietze, Meine Weihnachtsarbeit als Zeichen herzlichen Dankes für alle Lieben und getreuen, die mich mit ihrem Gedenken beglücken und mit ihrer Fürbitte stärken, Ravensbrück, Dezember 1944, in: UBF, NL von Dietze, K.4, M3, S. 56.

101 Die Unterlagen zu der „Rückversetzung" nach Jena und zur Berufung nach Freiburg sind zu finden im Archiv der Humboldt-Universität zu Berlin, UK PA D87 und NS ZB II 1848, AK 27.

einer „Strafversetzung“ zu vermeiden – einen ordentlichen Ruf an die Freiburger Universität an. Als er 1938 an das Internationale Landwirtschafts-Institut in Rom als Vertreter der deutschen Wissenschaft berufen werden soll, wird ihm auf dem Dienstwege bedeutet, eine Berufung seiner Person werde „als unerwünscht und nicht im deutschen Interesse liegend betrachtet.“[102]

Ein Vorfall im Sommer 1937, der viel über seinen Charakter sagt, hat Constantin von Dietze dann dazu gezwungen, sich mit seiner „ganzen Existenz“ einzusetzen und bekennend in Opposition zum Regime zu treten. Von Dietze war Mitglied des Bruderrats der Heiligengeistgemeinde in Potsdam, die wie die meisten Potsdamer Kirchengemeinden in Bekennende Kirche einerseits und die Deutschen Christen andererseits gespalten war. In dieser Eigenschaft war er bereits 1935 beauftragt worden, im Fall der Verhaftung des Pfarrers als Laie einen kurzen Gottesdienst zu halten. Der Fall trat im Juli 1937 ein. Der Pfarrer der Bekennenden Kirche war am Freitagabend verhaftet worden. Von Dietze musste am darauffolgenden Sonntag einspringen. Was dann geschah, schildert ein Gemeindemitglied so: Nachdem von Dietze ans Lesepult getreten war und der Gemeinde mitteilte, dass er von der BK beauftragt worden sei, wegen der Verhaftung des Pfarrers zur Gemeinde zu sprechen, unterbrachen ihn der Küster und der anwesende Superintendent des Kirchenkreises, letzterer verbot ihm das Wort. „Herr von Dietze forderte daraufhin die Gemeinde ruhig auf, vor der Kirchentür seine Ausführungen weiter anzuhören. Er bat aber noch, zum Abschluss der Kirche mit ihm zu singen. Er stimmte das alte Luther-Lied: ‚Erhalt uns, Herr, bei Deinem Wort‘ an. Da schrie der Superintendent mit vorgehaltenen Händen ausser sich in die andächtig singende, stehende Gemeinde das Wort: ‚Gotteslästerung‘ hinein und verliess das

102 Universitätsarchiv Freiburg, B. 68, Nr. 131.

Gotteshaus. [...] Die Gemeinde verliess geschlossen die Kirche. Vor dem Gotteshause verlas Prof. von Dietze eine Abkündigung des Rates der bekennenden Kirche [...], in der an den Staat appelliert und die Regierung um Einsicht gebeten wird, da es auf diesem Wege kirchlicher Auseinandersetzung nicht weiter gehe, und in der schliesslich um Fürbitte für den Führer und für die unsere im Gefängnis sitzenden Brüder und Schwestern gebeten wird. Nach gemeinsam gesprochenen Vaterunser-Gebet gingen die Versammelten tief ergriffen auseinander."[103]

Constantin von Dietze brachte dieses Verhalten eine Anklage unter anderem wegen Störung des Gottesdienstes und Hausfriedensbruchs und Untersuchungshaft ein.[104] Nach elf Tagen wurde er entlassen, das Verfahren schließlich – nach Freispruch der zuständigen Strafkammer und Revision der Oberstaatsanwaltschaft – im Mai 1938 aufgrund des Straffreiheitsgesetzes vom 30. April 1938 eingestellt. Von Dietze wusste, dass das erst der Anfang war. In seinen in der Untersuchungshaft entstandenen Aufzeichnungen schreibt er: „Viel wichtiger ist aber, dass es später draussen schwerer sein wird, das zu tun, was ich hier als meine eigentliche, ja einzige Aufgabe erkennen konnte: mich als Streiter Christi zu bewähren. Diese Aufgabe hört mit der Haftentlassung oder auch mit dem Prozess nicht auf; sie bleibt dauernd, doch wird ihre Erfüllung andere und wahrscheinlich schwerere Wege erfordern."[105]

Der nicht ganz freiwillige Ruf von Dietzes in den Breisgau brachte neue Dynamik in den Kreis der Freiburger Kollegen. Mit Constantin von Dietze wurde die Verbindung zwischen

103 Sachverhalt, in: UBF, NL von Dietze, K.4., M.6.

104 Vgl. BA, Zwischenarchiv Dahlwitz-Hoppegarten, RJ III g 17/9238.

105 Constantin von Dietze, Eine Abschrift der Aufzeichnungen aus der Untersuchungshaft 11.–22.7.1937. Für unsere Kinder, in: UBF, NL von Dietze, K.4, M.3, Bl.3.

Bekennender Kirche und Universität prominent verstärkt. Mit ihm entstanden direkte Verbindungen nach Berlin. Sie sollten später von großer Bedeutung sein.

Es waren hauptsächlich zwei Faktoren, die Franz Böhm[106] in Konflikt mit dem Nationalsozialismus brachten. Dieser energiegeladene Mann kam im Jahr 1931, nach einem kurzen beruflichen Intermezzo als Staatsanwalt in Freiburg und einer siebenjährigen Tätigkeit als Referent im Berliner Reichswirtschaftsministerium, an die Freiburger Universität. Binnen dreier Jahre promovierte und habilitierte er. Auch er wusste sich getragen vom christlichen Glauben. Aus ihm macht er nie einen Hehl, auch in seinen wissenschaftlichen Arbeiten nicht. So publizierte er etwa 1934 in der von Walter Euckens Vater, Rudolf Eucken, gegründeten Zeitschrift „Die Tatwelt" einen Aufsatz über das Verhältnis von Recht und Macht, in dem er unmissverständlich rechtspositivistische Auffassungen ablehnte und die Bedeutung vorwissenschaftlicher, religiöser Grundüberzeugungen für Rechtsetzung und Politik hervorhob: „Der Strom des sittlichen Lebensvorganges zersprengt die Grenzen des individuellen Einzeldaseins und flutet über in das Gemeinschaftsleben der Familie, sozialer Verbände aller Art, der Völker und ganzer Kulturkreise." Zur Erläuterung des „sittlichen Lebensstroms" verwies er auf die „biblischen Gleichnisse" von „erhabenster Symbolkraft":

106 Zur Biografie Böhms vgl. Traugott Roser, Protestantismus und Soziale Marktwirtschaft. Eine Studie am Beispiel Franz Böhms, Münster 1998; Alexander Hollerbach, Zu Leben und Werk Franz Böhms, in: Freiburger Universitätsblätter, 102 (1988), S. 81–90; Ders., Wissenschaft und Politik. Streiflichter zu Leben und Werk Franz Böhms (1895–1977), in: Dieter Schwab u. a. (Hrsg.), Staat, Kirche, Wissenschaft in einer pluralistischen Gesellschaft. Festschrift zum 65. Geburtstag von Paul Mikat, Berlin 1989, S. 283–299; Brigitte Kaff (Bearb.), Franz Böhm. Beiträge zu Leben und Werk, Melle 1980.

„Man denke nur an die Gleichnisse vom Schatz im Acker oder von der Perle oder an den Bericht vom Hauptmann von Kapernaum. Das, worauf es hier ankommt, ist immer wieder das gleiche: nicht so sehr der Fund des Schatzes oder der Perle oder der Gang zum Herrn, sondern das unumwundene, gleichsam selbstverständliche Verkaufen von allem, was man hat, das entschlossene Liegenlassen dessen, woran man zu hängen pflegt und woran man sich gewöhnt hat, und die bedenkenlose Nachfolge."[107] In der Entschiedenheit der Nachfolge liege ihre sittliche Kraft, liege die Sittlichkeit selbst, deren Verwirklichung das Ziel sozialen Lebens sei. Vor diesem Hintergrund ist es nachvollziehbar, dass Böhm den Nationalsozialisten die „Nachfolge" versagte. Er tat das auch, indem er in seinen Schriften die NS-Wirtschaftspolitik in ihren Widersprüchen und Unentschiedenheiten darstellte und kritisierte.[108]

Wichtiger noch für Böhms Motivation war sein persönliche Umfeld: Er lehrte in einem besonders NS-kritischen Milieu. Böhms Schwiegermutter Ricarda Huch (1864–1947), prominente Intellektuelle in der Weimarer Republik und eine der bedeutendsten Schriftstellerinnen ihrer Zeit, hatte frühzeitig Stellung gegen den Nationalsozialismus bezogen. Sie, die als erste Frau in die Sektion Dichtkunst der Preußischen Akademie der Künste aufgenommen worden war, wehrte sich mit größter Entschiedenheit gegen die Gleichschaltung der Akademie und den Rauswurf „nicht-arischer" Mitglieder. Im März 1933 erklärte sie ihren Austritt aus Protest. „Daß ein Deutscher deutsch empfindet", schrieb Huch im April 1933 an den Nachfolger Heinrich Manns im Amt

107 Franz Böhm, Recht und Macht, in: Die Tatwelt. Zeitschrift für Erneuerung der Geisteslebens, (1934) 10, S. 115–132, S. 169–193, S. 123ff.

108 Vgl. etwa Franz Böhm, Die Ordnung der Wirtschaft als geschichtliche Aufgabe und rechtsschöpferische Leistung, Stuttgart 1937.

des Präsidenten der Akademie, Max von Schilling, der sie von ihren Entschluss abbringen wollte, „möchte ich fast für selbstverständlich halten; aber was deutsch ist, und wie Deutschtum sich betätigen soll, darüber gibt es verschiedene Meinungen. Was die jetzige Regierung als nationale Gesinnung vorschreibt, ist nicht mein Deutschtum. Die Zentralisierung, den Zwang, die brutalen Methoden, die Diffamierung Andersdenkender, das prahlerische Selbstlob halte ich für undeutsch und unheilvoll."[109] Es ist möglich, dass dieses regimekritische Umfeld in Baden bekannt geworden ist. Vielleicht war das der Grund, der das dortige Kultusministerium dazu veranlasste, Böhms Habilitierung im Sommer 1933 zu verzögern.

Im Mai 1937 kam es zur Eskalation. Franz Böhms Vertretung eines Lehrstuhls in Jena hätte mittelfristig zu einer ordentlichen Berufung führen sollen. Diese Pläne der Fakultät wurden jedoch durch den Einspruch des Reichsstatthalters von Thüringen „aus weltanschaulichen und wirtschaftspolitischen Gründen" durchkreuzt.[110] Um doch noch den Weg zu einer Ernennung ebnen zu helfen, lud ein Kollege Böhms, Professor Weddingen, das Ehepaar Böhm und Ricarda Huch zu einer Abendgesellschaft ein. Ohne Böhm davon vorab zu informieren, hatte Weddigen auch

109 Ricarda Huch an Max von Schilling, Heidelberg, den 9.4.1933, in: Baum 1950, S. 343–345, S. 343f. Abgedruckt ist der gesamte Briefwechsel zwischen Huch und Schilling, der Huch als einen geradezu „klassischen" Typ einer national-kommunitär Gesonnenen erscheinen lässt, in der Zeitschrift „Die Wandlung": Ein undenkbarer Schritt: Briefwechsel zwischen Ricarda Huch und der Preußischen Akademie der Künste, in: Die Wandlung. Eine Monatsschrift, (1949) 4, S. 161–171.

110 Dekan der Rechts- und Wirtschaftswissenschaftlichen Fakultät der Thüringischen Landesuniversität Jena an den Thüringischen Minister für Volksbildung (Weimar), Jena, den 4.5.1937, in: ACDP, NL Böhm, I-200-003/2.

Richard Kolb dazu gebeten. Er war Lehrbeauftragter für Wehrgeschichte, Mitglied der Berufungskommission und verfügte als lokale Parteigröße, SS-Hauptsturmführer und Blutordensträger über politischen Einfluss.[111] Während des Abends kam es zwischen Ricarda Huch und Kolb zu einer Auseinandersetzung über Juden und ihre intellektuellen Fähigkeiten: „Im Laufe des Gesprächs", so erinnerte sich wenige Tage später Ricarda Huch, „sagte unser Gastgeber, die Juden könnten nicht organisch denken und wären nicht produktiv. Ich sagte, ich zweifelte, ob man das sagen könnte, es hätten in den letzten Jahren Juden verschiedentlich den Nobelpreis bekommen, Physiker, Chemiker; auf diesen Gebieten waren sie doch wohl produktiv gewesen. Ein Wort gab das andere, Franz stimmte mir zu, und zwar in der heftigen und aggressiven Weise, in die er so leicht verfällt. Herr X. (gemeint ist Kolb, Anm. T.K.) wurde schärfer und schärfer und sagte zum Schlusse zu mir: ‚Ich sehe, Sie sähen lieber das deutsche Volk vernichtet und die Juden herrschen' (oder so ähnlich). Ich sagte kalt: ‚Ich habe die Deutschen sehr geliebt, bin allerdings sehr davon zurückgekommen, seit ich so viel Gemeinheit mitanzusehen habe.'"[112] Die Gesellschaft wurde abgebrochen; Kolb war unter diesen Umständen selbstredend nicht bereit, etwas für Böhm zu tun – stattdessen zeigte er ihn an. Nach zahlreichen Verhören durch die Geheime Staatspolizei, Deeskalationsversuchen von Seiten Böhms und den Konflikt verschärfenden Maßnahmen Kolbs – Böhm schlug ohne Erfolg eine Regelung vor einem Ehrengericht vor, Kolb hatte sich an die Gestapo gewandt und die „Verbringung des Dr. Franz Böhm, Jena, Langemarckstr.

111 Franz Böhm, Fall Kolb-Böhm in zeitlicher Darstellung, in: ACDP, NL Böhm, I-200-003/2. Franz Böhm, Schriftliche Stellungnahme zur Beweisaufnahme im Einleitungsverfahren, Pfingsten 1938, in: Ebenda.
112 Ricarda Huch an Marie Baum, 30.5.1937, in: Baum 1950, S. 379f.

16, in ein Konzentrationslager"[113] gefordert – wurde schließlich im Frühjahr 1938 ein Dienststrafverfahren wegen Verstoßes gegen das Heimtückegesetz eingeleitet.

Im Einzelnen wird in der späteren Gerichtsverhandlung wiedergeben, wie Böhm sich während der Abendgesellschaft gegenüber Kolb zur nationalsozialistischen Judenpolitik geäußert hatte. Böhm selbst bestätigte die Authentizität dieser Aussagen später.[114] Ein genauerer Blick lohnt sich: Hier heißt es, der beschuldigte Franz Böhm habe in die Auseinandersetzung zwischen seiner Schwiegermutter und Herrn Kolb eingegriffen und erklärt:

> „[...] man dürfe die jüdische Schuld nicht in den Vordergrund stellen, sondern müsse einen Unterschied machen zwischen anständigen und unanständigen Juden. Kolb hielt ihm entgegen, in einem Krieg mit Frankreich könne auch nicht der Befehl ausgegeben werden, auf anständige Franzosen nicht zu schiessen. Böhm erwiderte, das sei eine falsch Analogie, denn im Kriegszustand mit den Juden lebten wir nicht, es gehe vielmehr um den Kampf gegen die Zersetzung. Die Juden seien wohl Zwischenträger der Zersetzungskeime, aber nicht deren Urheber. Die anständigen Juden brauche man daher nicht in den Kampf hineinzuziehen. Als Kolb darauf einwandte, dass die Juden der ganzen Welt sich gegen Deutschland verschworen hätten, sagte der Beschuldigte, daran seien wir selbst schuld; denn wir hätten den Kampf gegen sie ja erst angefangen. Wenn man heute die Rothaarigen in Deutschland bekämpfen würde, würden sich auch alle Rothaarigen in der Welt zusammenschliessen und gegen uns stehen. Da bemerkte

---

113 Richard Kolb an den Leiter der Geheimen Staatspolizei Weimar, 30.12.1937, in: Universitätsarchiv Freiburg, B24/286.

114 Vgl. Franz Böhm an Günther Schmölders, 2.5.1970, in: ACDP, NL Böhm, I-200-003/4.

> Frau Kolb entrüstet, das sei doch kein Vergleich, denn bei den Juden handele es sich um eine Rasse. […] In diesem oder einem anderen Zusammenhang kam das Gespräch auch auf die Gründe, die 1918 zum Zusammenbruch geführt haben. Kolb hatte, um die Ansicht des Beschuldigten und seiner Schwiegermutter zu widerlegen, auch darauf hingewiesen, dass die Juden durch ihre Zersetzung gerade zum Niedergang beigetragen und besonders die Soldatenräte beherrscht hätten. Der Beschuldigte bestritt das; er erwiderte, er habe keine Juden im Soldatenrat erlebt. […] Schuld am Zusammenbruch sei nur die Feigheit der höheren Stäbe gewesen; die Juden hätten ihn nicht verursacht. Der Mangel an Zivilcourage, der sich schon damals gezeigt habe, müsse auch heute bekämpft werden. Das sei wichtiger als der schon erledigte Kampf gegen die Juden. So wie dieser jetzt geführt werde – dass man alle Schuld den Juden zuschiebe – würden Jagdinstinkte ausgelöst. Der Kampf sei ritterlich und nur gegen den unanständigen Juden zu führen. Darüber hinaus müsse er gegen alles Schlechte gehen, und es sei falsch, insoweit einen Unterschied zwischen Arier und Nichtarier zu machen."[115]

Das Verfahren zog sich lange hin: Obwohl Kolb sofort nach dem Vorfall der Thüringischen Hochschulverwaltung Mitteilung gemacht hatte und später die Gestapo informierte, wurden erst im Frühjahr 1938 die Vorbereitungen für ein Verfahren getroffen. Am 13. Januar 1939 kam es dann zu einer ersten Hauptverhandlung, am 22. Februar 1940, nachdem Böhm im Februar 1939

115 Urteil in der Dienststrafsache gegen den Staatsanwalt Dr. Franz Böhm in Jena wegen Dienstvergehens, 14.2.1939, Abschrift in: ACDP, NL Böhm, I-200-003/4. In der Erinnerung stellte Böhm seine Äußerungen im Hause Weddigen ganz ähnlich da: Vgl. Franz Böhm an Günther Schmölders, 2.5.1970, in: ACDP, NL Böhm, I-200-003/4.

Berufung eingelegt hatte, zu einer zweiten Hauptverhandlung vor dem zweiten Dienststrafsenats des Reichsdienststrafhofs. In dieser Zeit machte Franz Böhm einen inneren Wandlungsprozess durch. Hatte er bis zu dem Vorfall die nationalsozialistische Politik zwar mit größter Distanz betrachtet, ihr jedoch nicht die Legitimität abgesprochen, kehrte er sich jetzt vollends vom Regime und seiner Regierungspraxis ab. Der Konflikt um Juden und „Judenfrage" führte ihm die wahre Natur des Nationalsozialismus vor Augen. In den Mittelpunkt seiner Überlegungen rückte nun die Frage nach der „grundsätzliche[n] Unvereinbarkeit der moralischen Grundlagen wissenschaftlichen Forschens (Freiheit der Ueberzeugungsbildung) und des weltanschaulich-politischen Unfehlbarkeits- und Unterwerfungsanspruchs unserer Zeit." Staat und Partei drohten, wie Böhm jetzt erkannte, in der offiziellen Lesart eins zu werden: „Ich anerkenne den Anspruch des Staates auf disziplinierte Haltung bei abweichender Ansicht und auf Unterlassen öffentlichen Polemisierens und Opponierens der Beamten gegen offizielle Lehrmeinungen. Aber ich bestreite den Anspruch auf innere Gewissensbindung in so problematischen Fragen wie der Rassenfrage und bestreite insbesondere den Anspruch auf Mundhalten und Leisetreterei im Gespräch mit Parteiangehörigen im engen Kreis, wenn Erscheinungen zur Sprache kommen, die man pflichtgemäß für schändlich hält."[116] Immer intensiver, auch im Hinblick auf eine vernünftige Verteidigungsstrategie vor Gericht, beschäftigte ihn jetzt die Frage, wie weit der Zugriff des Staates auf das Gewissen und die Überzeugungen seiner Bürger und insbesondere seiner Staatsbeamten gehen durfte. „Soll man im Ernst den Satz verfechten, dass eine Weltanschauung nicht durch Überzeugung,

116 Franz Böhm, Fall Kolb-Böhm in zeitlicher Darstellung, in: ACDP, NL Böhm, I-200-003/2

sondern durch Zwang und Befehl zustandekommt? Soll der politische Führer auch der Papst unseres Gewissens sein? Gibt es ein weltanschauliches Unfehlbarkeitsdogma?",[117] fragte Böhm in einem Briefentwurf, der wahrscheinlich im Herbst 1938 entstanden ist. Er wusste genau, dass hier das eigentliche Ziel des Nationalsozialismus lag: Seine Ideologie forderte den ganzen Menschen.

Böhm konnte nicht ausweichen. Der Zusammenhang zwischen nationalsozialistischer Judenpolitik und dem Verrat an christlichen Werten und kulturellen Traditionen lag für ihn allzu deutlich auf der Hand. Der Geist, der Eucken und Lampe gegen Heidegger aufbrachte, wird nun eindeutig auch von Böhm als Gegner identifiziert: Ein allein auf sich selbst bezogenes, nicht an die christliche Ethik rückgebundenes Gemeinschaftsverständnis, das die Verantwortung des Menschen vor Gott nicht mehr kennt. Säkularisierung als letzter Grund für die Verbrechen an den Juden!

In der Affäre um seine Haltung zu Juden und nationalsozialistischer Judenpolitik argumentierte er jetzt immer offensiver, ja provokativer. Es war für ihn eine Prüfung: Es ging ihm um nicht weniger als um die Klärung, welche Rolle die Freiheit eines Gewissens, das der christlich-humanistischen Tradition verpflichtet ist, überhaupt noch spielte. Eine harte Strafe würde dann bedeuten, so Böhm, dass das Regime „das Überbordwerfen altüberkommener religiöser, nationaler, kultureller Ueberzeugungen verlangt." Dass es bereits so weit gekommen war, dass in der Tat grundlegende Werte und Weltanschauungen zur Disposition standen, ahnte er zumindest. „Der Rassegedanke, ein zwar wichtiges, aber keineswegs das wichtigste und erst recht nicht edelste

117 Franz Böhm, Briefentwurf, „zu meinem Prozeß", in: ACDP, NL Böhm, I-200-003/2

und grossartigste Element der politischen und geistigen Volkswerdung", so heißt es in dem schon erwähnten Briefentwurf, „wird *verabsolutiert* und ausserdem von Jahr zu Jahr *radikaler* gefasst. [...] Schon bahnt sich ein ähnliches Verdammungsurteil über das Christentum an. Kein Mensch kann wissen, wann die eine oder die andere grosse deutsche geistige Tradition offiziell als Ketzerei erklärt wird und nicht mehr bekannt und geglaubt werden darf."[118]

In einem 35-seitigen Brief an den Vorsitzenden der Dienststrafkammer beim Oberverwaltungsgericht in Jena führte er im Oktober 1938 seine Einstellung zu Juden und „Judenfrage" mit der prinzipiellen Dimension des Falls zusammen. Er argumentierte außerordentlich mutig und ohne ein Blatt vor den Mund zu nehmen – zu einem Zeitpunkt, wohlgemerkt, an dem die Entrechtung und Ausgrenzung der Juden in Deutschland schon so weit fortgeschritten war, dass nur einen Monat später das Pogrom der „Reichskristallnacht" möglich wurde. In Form eines Bekenntnisses legt er in „voller Offenheit" Rechenschaft ab über seine Sicht der „Judenfrage". Ohne Rücksicht auf seine prekäre Lage, die sich mit derartigen Äußerungen verschlechtern musste. „Ich habe erklärt", schreibt Böhm in diesem eindrucksvollen Dokument, „daß ich die weltanschauliche Begründung der Rassenfrage nicht in allen Punkten teile, und dachte dabei vor allem an die von Alfred Rosenberg vertretenen Auffassungen. Ich stehe dieser Theorie gegenüber auf dem Boden einer großen und ehrwürdigen deutschen Tradition, die ich für ein erhaltens- und verteidigungswürdiges Erbe ansehe, und deren lebenssteigernde und begeisternde Kraft ich in Krieg und Frieden gerade in den entscheidendsten Stunden meines Lebens in mir selbst erlebt

118 Ebenda.

habe."[119] Im „Einklang mit den Auffassungen des nationalsozialistischen Staates" lehne er zwar jede „Rassenvermischung" ab, da sie „in der Regel [...] nicht etwa eine neue, in sich gefestigte Grundanlage erzeugt, sondern vielmehr einen inneren Bruch hervorruft, was gleichbedeutend ist mit dem Verlust des inneren Orientierungsvermögens überhaupt", und ein Volk, dass so handelt, sein „ihm von Gott anvertrautes Pfund" verschleudere. Er konstatiere auch die Existenz einer „Judenfrage", deren Eigenart darin bestehe, dass die Juden ein Volk ohne Land sind und unter Völkern anderer Rasse in erheblicher Zahlenstärke leben. Damit sei nicht nur „die Vermischungsgefahr nähergerückt, sondern auch die Gefahr, daß sich begabte und rührige Angehörige des Gastvolkes einflußreiche Schlüsselstellungen des politischen, sozialen und kulturellen Lebens verschaffen. Sie werden in diesen Schlüsselstellungen auf die Lösung wichtiger Lebensaufgaben der Nation einen Einfluß u.zw. einen *machtmässigen* Einfluß im Sinne *ihrer* rassemäßigen Grundanlagen nehmen und außerdem bestrebt sein, diese ihre Machtstellungen auszubauen und durch Nachzug von Rasseangehörigen zu verstärken." Nicht teilen könne er jedoch die Lehre, die von „extremen Richtungen" vertreten werde, dass

„1). ein Volk ohne Boden und eigenstaatliche Organisation keine Existenzberechtigung habe,

2). die jüdische Rasse von Hause aus minderwertig, geistig und kulturell unfruchtbar, auflösend und zersetzend und moralisch schlecht und verwerflich sei,

119 Franz Böhm, An den Vorsitzenden der Dienststrafkammer beim Oberverwaltungsgericht in Jena, Jena, den 10.10.1938, in: ACDP, NL Böhm, I-200-003/2. Die folgenden Zitate ebenda.

3). das Problem des Zusammenlebens mit landlosen Angehörigen einer fremden Rasse nur durch die radikale Vertreibung gelöst werden könne, und daß endlich

4). zwischen den verschiedenen Rassen im allgemeinen und der germanischen und jüdischen in besonderen nicht nur eine Verschiedenheit und Fremdheit der Grundanlage obwalte, sondern daß schlechthin jede Möglichkeit eines Verstehens und einer gegenseitigen geistigen und kulturellen Befruchtung ausgeschlossen sei."

Er sei „vielmehr der Ansicht, daß

1). ein aus seinem Land und seiner Eigenständigkeit vertriebenes, unter fremden Völkern zerstreut lebendes Volk in diesem seinem Diasporazustand nicht nur Existenzberechtigung sondern im Haushalt der Völkergemeinschaften auch seine besondere Funktion und Mission hat oder mindestens haben kann,

2). die jüdische Rasse zwar ihre spezifischen Fehler aber auch ihre Vorzüge und hohen Eigenschaften hat u.zw. sowohl in geistiger und kultureller als auch in moralischer Hinsicht. Ich halte sie für ein, wenigstens in manchen seiner Gruppen hochentwickeltes Volk von sehr ausgeprägter Eigenart im Guten wie im Schlechten,

3). das Zusammenleben nicht nur ohne Gefahr für das Gastvolk möglich ist, sondern bei schöpferischer und vernünftiger Lösung zum beiderseitigen Vorteil ausgestaltet werden kann, und daß endlich

4). zwischen verschiedenen Rassen von arteigener Kultur und geschichtlich bewährter Wirksamkeit über alles Trennende und Fremde hinaus ein gegenseitige Verstehen, ein gedeihliches Zusammenwirken und eine gegenseitige geistige und kulturelle Befruchtung durchaus möglich ist und daß der Versuch hierzu zu den Aufgaben gehört, die den Völkern gestellt sind. Auch an der Lösung dieser Aufgabe bewährt sich die sittliche und geistige Kraft eines Volkes."

Diese Aufgabe könne freilich niemals dadurch gelöst werden, „daß das eine Volk sich von der ihm eigenen Grundanlage entfernt, sie preisgibt und sich vom Wesen fremden Geistes überfluten läßt." Und Böhm fährt mit einer kaum misszuverstehenden Analyse der nationalsozialistischen Rassenideologie fort: „Niemals darf Schwäche, Unsicherheit, Mangel ans Selbstvertrauen und geistige Selbstentäußerung die eigene Haltung im Verkehr mit anderen Völkercharakteren bestimmen. Erfahrungsgemäß hat daher denn auch der Starke, der fest auf dem eigenen Grunde beruht, die geringste Schwierigkeit im Ringen und Zusammenwirken mit Andersgearteten." Einen weiterführenden Vorschlag unterbreitend, ergänzt er seine Ausführungen: „Aus diesem Grund erscheint mir deshalb die Stärkung der eigenen künftigen Eigenschaften und die Bekämpfung der eigenen Schwächen eines Volkes, d.h. also die hygienische Krankheitsvorbeugung, wichtiger zu sein, wenigstens auf lange Sicht gesehen, als der Versuch, alle Fremdkörper auszumerzen, deren auch der gesunde Organismus in einer bestimmten Dosierung sogar bedarf und die er, solange er gesund ist, auch bewältigt."

Franz Böhm stellte die Existenz einer „Judenfrage" nicht in Frage und räumt dem Staat ein, sie zu „lösen". Er hielt „Rassen" für real existierende Gegebenheiten, und er ließ keinen Zweifel daran, dass er die Juden für eine eigene Rasse hielt. Und Böhm war, obwohl von einer Gleichwertigkeit der unterschiedlichen „Rassen" grundsätzlich überzeugt, besorgt angesichts der in „Rassenvermischung" liegenden Risiken. Gleichzeitig hielt er – im Jahr 1938 – die nationalsozialistischen Maßnahmen gegen die Juden für unakzeptabel.

Mit welchem Begriff kann Böhms Haltung zu Juden und Judentum zutreffend bezeichnet werden? War er ein latenter Antisemit, weil er die Existenz, einer „Judenfrage" nicht bezweifelte und ihre „Lösung" für notwendig hielt? War er ein Rassist, weil „Rassen" für ihn eine nicht zu leugnende Gegebenheit waren? Oder steht er den Juden „nur" distanziert gegenüber, oder vielleicht nicht einmal das?

Verwunderlich ist, und es hat Böhm selbst am meisten überrascht[120], dass die Konsequenzen der Böhmschen „Tat" vergleichsweise harmlos ausfielen. Böhms Anwalt, der Freiburger Kollege und Freund Hans Großmann-Doerth, der sich selbst anbot, die Verteidigung zu übernehmen und diese, in den Worten Böhms, „mit bewundernswertem Mut und unter Betonung seiner Solidarität mit mir geführt"[121] hat, hatte offensichtlich nicht mit einem glimpflichen Ausgang gerechnet. Ricarda Huch sprach einmal von der Befürchtung Großmann-Doerths, dass Böhm „nicht um Gefängnis herumkommen"[122] würde. Das Verfahren entwickelte sich jedoch zu einem reinen Disziplinarverfahren. Ein Verstoß gegen das Heimtückegesetz wurde nicht mehr berücksichtigt, da die Tat, wie es in der Anschuldigungsschrift vom 15. September 1938 hieß, „unter das Straffreiheitsges. vom 30. April 1938 fällt und das Strafverfahren deshalb eingestellt werden muss. In dem Verhalten des Beschul. liegt ein Dienstvergehen."[123] So wurde Böhm außer den „Aeußerungen, die böswillige Angriffe gegen den heutigen Staat und die Staatsführung sowie auf

120 Franz Böhm an Günther Schmölders, 2.5.1970, in: ACDP, NL Böhm, I-200-003/4

121 Franz Böhm an Ernst von Harnack, Jena, den 11.2.1939, in: ACDP, NL Böhm, I-200-003/4.

122 Ricarda Huch an Marie Baum, 14.9.1939, in: Baum 1950, S. 394.

123 Anschuldigungsschrift gegen Franz Böhm, 15.9.1938, Abschrift, in: ACDP, NL Böhm, I-200-003/2.

die Ehre des deutschen Volkes enthalten", jetzt nur noch seine weltanschauliche Distanz zum Vorwurf gemacht, eine „Pflichtverletzung nach §§ 3,22 des Deutschen Beamtengesetzes vom 26. Januar 1937." In der Hauptverhandlung am 13. Januar 1939, in der Walter Eucken als Leumundszeuge vor Gericht für Böhms Integrität gezeugt hatte, konzentrierte sich die Kammer weniger auf die inhaltlichen Aussagen Böhms während der Abendgesellschaft als auf die „reine Rechtsfrage", wie Böhm an Ernst von Harnack wenig später schreibt, „nämlich die Frage: gibt es für den Beamten des Dritten Reichs einen Gewissens- und Ueberzeugungszwang derart, dass die ernste und sachliche Aeusserung einer vom Dogma abweichenden Anschauung gegenüber einem Parteigenossen in kleinem Zirkel eine Dienstpflichtverletzung darstellt? Das Gericht hat diese Frage bejaht."[124] Es verurteilte Böhm wegen seines Mangels an nationalsozialistischer Weltanschauung und bestrafte ihn mit „Entfernung aus dem Dienst" unter Zubilligung eines Unterhaltsbeitrags von 75 Prozent des erdienten Ruhegehaltes auf fünf Jahre. Im Berufungsverfahren wurde im Februar 1940 die Entscheidung der ersten Instanz aufgehoben und das Verfahren eingestellt. Der Gerichtshof kommt nun zu der Einschätzung, Böhm habe sich bei dem Streit nicht „von Haßgefühlen, bösem Willen oder sonstiger niedriger Gesinnung" leiten lassen, sondern sei „von ernsthafter Sorge um die Zukunft des deutschen Volkes erfüllt" gewesen. Aus Böhms Äußerungen gehe zwar hervor, „daß der Beschuldigte nicht voll auf dem Boden der nationalsozialistischen Weltanschauung steht, was er ja auch in der Untersuchung zugegeben und in seiner Verteidigungsschrift näher begründet hat" und sich auch sonst „gegen seine Pflichten als Beamter schwer vergangen". Aber: „Er

124 Franz Böhm an Ernst von Harnack, Jena, den 11.2.1939, in: ACDP, NL Böhm, I-200-003/4.

hat seine Ausführungen weder öffentlich noch etwa im Rahmen seiner Lehrtätigkeit oder vor Personen zweifelhafter Gesinnung, sondern in einem kleinen Kreise zuverlässiger Berufskameraden getan."[125] Angesichts der „vorzüglichen Beurteilungen" Böhms sei die schwerste Strafe der Entfernung aus dem Dienst nicht gerechtfertigt: „Der Gerichtshof ist daher der Ansicht, daß das Dienstvergehen des Beschuldigten durch die Strafe der Gehaltskürzung zu sühnen wäre", die jedoch inzwischen nicht mehr verhängt werden dürfe. Deshalb sei das Verfahren einzustellen.

Katastrophal genug: Im März 1938 war ihm der Vertretungsauftrag an der Juristischen Fakultät der Universität in Jena und damit die berufliche Basis und ein geregeltes Einkommen entzogen worden. Seine beruflichen Aussichten im Staatsdienst schienen zerstört. Im März 1939 wurde er „bis auf weiteres" von der Dozententätigkeit ausgeschlossen und bis zum Frühjahr 1945 in den Wartestand versetzt.[126] Ganz zu schweigen von der psychischen Belastung, der Böhm und seine Familie angesichts des über ihnen schwebenden Damoklesschwertes ausgesetzt waren und von der zahlreiche Briefe im Nachlass sprechen.[127] So nahm Böhm während des Verfahrens Kontakt mit Carl Goerdeler auf, dem im April 1937 in Reaktion auf den Sturz des

125 Urteil in der Dienststrafsache gegen den Staatsanwalt Dr. Franz Böhm in Jena wegen Dienstvergehens, 22.2.1940, Abschrift in: Universitätsarchiv Freiburg, B 110/331.

126 Der Reichsminister für Wissenschaft, Erziehung und Volksbildung an Franz Böhm, Berlin, den 18.3.1939, in: Universitätsarchiv Freiburg, B 110/331.

127 Vgl. etwa Ricarda Huch an Marie Baum, 30.5.1937, in: Baum 1950, S. 379; Franz Böhm an Reichsminister Gürtner (Berlin), Jena, den 1.10.1938, in: ACDP, NL Böhm, I-200-3/4. Franz Böhm an Carl Goerdeler (Leipzig), Jena, den 14.2.1939, in: ACDP, NL Böhm, I-200-003/4. Vgl. dazu auch Roser 1996, S. 116ff.

Mendelsohn-Denkmals vor dem Gewandhaus zurückgetretenen Leipziger Oberbürgermeister. Im Frühsommer 1938 stattete er ihm einen unangemeldeten Besuch ab. Böhm war gerade jetzt eine Begegnung mit Goerdeler wichtig – nicht, weil Goerdeler mit dem Regime in Konflikt geraten war, sondern, wie Böhm im Jahr 1969 zu Protokoll gab, weil „dieser Konflikt seine Ursache in der NS-Judenpolitik hatte. Manche seiner engeren Bekannten waren aus politischen Gründen aus dem Amt ausgeschieden, aber er hatte noch niemanden kennengelernt, der wegen der Ablehnung der NS-Judenpolitik in Schwierigkeiten geraten war. Zwar hatte der eine oder andere jüdischen Bekannten geholfen oder sich für bestimmte Juden oder rassisch Verfolgte eingesetzt, aber niemand sprach sich prinzipiell gegen die Judenpolitik aus. Das galt ganz allgemein als ein sinnloses, selbstmörderisches Unterfangen, als der einzige Punkt, über den man mit den Nationalsozialisten unter gar keinen Umständen rechten könne, als das rote Tuch, bei dessen Anblick selbst sonst vernünftige Anhänger Hitlers jede Besinnung verlieren und in hellen Wahn verfallen würden."[128]

Auf der anderen Seite zeigte die Situation Böhm auch deutlich, wie sehr er sich auf die Freiburger Freunde verlassen konnte. Nicht nur, dass ihm Großmann-Doerth und Eucken im Verfahren beistanden: Die Freiburger Fakultät versuchte ihn selbst während des noch schwebenden Verfahrens als „Dozenten neuer Ordnung" zu verpflichten.[129] Allerdings zunächst erfolglos. Die

128 Franz Böhm, im Gespräch mit Regine Bücheler, Begegnungen mit Carl Goerdeler, Mai 1969, von Böhm korrigierte Entwürfe, in: Kaff 1980, S. 65–82, S. 66f.

129 Erik Wolf an Franz Böhm, Freiburg, den 25.7.1940, in: ACDP, NL Böhm, I-200-003/4; Dekan der Rechts- und Staatswissenschaftlichen Fakultät der Universität Freiburg i. Br. an Franz Böhm, Freiburg, den 28.10.1940, in: ACDP, NL Böhm, I-200-003/4.

Rechts- und Staatswissenschaftliche Fakultät hielt sich nicht auf Dauer an die ablehnenden Bescheide aus dem Reichswissenschaftsministerium. Als im Frühjahr 1944 der Lehrstuhl für Handels-, Wirtschafts- und Arbeitsrecht nach dem Tode von Hans Großmann-Doerth besetzt werden soll, wird Böhm auf Platz 1 der Liste gesetzt.[130] Böhm erhält den Ruf im Februar 1945 und kann die Professur kurz vor Kriegsende, im April 1945, antreten.

Angesichts des Pogroms: Die erste Freiburger Denkschrift

Mit der Erfahrung des Pogroms am 9./10. November 1938 begannen sich die politischen Aktivitäten Walter Euckens, Adolf Lampes, Gerhard Ritters, Constantin von Dietzes und Franz Böhms zu wandeln. Nicht mehr nur das individuelle, mutige Bekennen zu Recht und Moral prägte jetzt ihr politisches Handeln. Die Zuspitzung des nationalsozialistischen Terrors, der auf das Schweigen der Bevölkerung und aller maßgeblichen Institutionen stieß, motivierte die Professoren dazu, sich in einer festeren Gemeinschaft zu konturieren und konspirierend gemeinsam über Konsequenzen nachzudenken. „Uns trieb es", beschreibt von Dietze aus der Rückschau die Motivlage, die zur Entstehung des ersten der *Freiburger Kreise*, des sogenannten Konzils führte, „gemeinsam als evangelische Christen nach Klarheit zu ringen, was uns angesichts der immer schamloser zu Tage tretenden Verbrechen und der drohenden Kriegsgefahr zu tun geboten war."[131]

130 Vgl. Constantin von Dietze an Jens Jessen (Berlin), Freiburg, den 24.5.1944, in: UBF, NL von Dietze, K-242.

131 Die Universität im Dritten Reich, Vortrag von Herrn Prof. Dr. C. v. Dietze am 15.7.1960 auf Einladung des Allgemeinen Studentenausschusses der Universität Freiburg, Abschrift eines ms. Manuskriptes, in: BA, N 1213 (NL Rothfels), 28-2, S. 6.

Initiiert und angetrieben vor allem von Adolf Lampe und Constantin von Dietze traf sich nun allmonatlich bis in den September 1944 hinein ein Kreis, zu dem neben Lampe, von Dietze, Ritter, Eucken und ihren Frauen, Franz Böhm, der Nationalökonom Fritz Freiherr Marschall von Bieberstein mit seiner Frau, der Physiker Gustav Mie, der Historiker Clemens Bauer mit seiner Frau, die Pfarrer der Bekennenden Kirche Karl Dürr, Otto Hof und Fritz Horch samt ihren Frauen und die Witwe des Pfarrers Charlotte Weber gehörten. Zeitweilig nahmen auch Pfarrer Hesselbacher mit seiner Frau, der Assistent Gerhard Ritters, Richard Nürnberger, sowie seit 1941 die Katholiken Pater Constantin Noppel SJ, der Direktor des Collegium Borromaeum Wendelin Rauch, der Studentenpfarrer Hermann Schäufele und Robert Scherer, ein Mitarbeiter des Herder-Verlages, teil. Nicht selten kamen auch Gäste hinzu, so zum Beispiel der junge katholische Pfarrer Joseph Höffner.[132]

Die lückenhafte Quellenlage erlaubt es leider nicht, die Inhalte der einzelnen Sitzungen des „Konzils" genau zu rekonstruieren. Aus den überlieferten Unterlagen wird jedoch ersichtlich, dass zunächst die Frage im Vordergrund stand, ob und in welchem Maße die Amtsträger und Prediger der christlichen Kirchen verpflichtet seien, gegen die Untaten der Nationalsozialisten, wie sie sich in der „Kristallnacht" für jedermann offenbarten, öffentlich zu protestieren. Ausgelöst durch diese Frage kreisten dann viele der Gespräche, die jeweils durch ein Referat eingeleitet wurden, um den für die Stellung des Christen zum Staat geltenden Bibeltext Römer 13. Angesichts der jüngsten Erfahrungen

132 Joseph Höffner an Constantin von Dietze, Kail, den 31.1.1940, in: UBF, NL von Dietze, K. 214: „Mir geht es wie Ihnen: Sehr oft denke ich an die Aussprachen über Röm. 13 zurück und lese den Text, der für uns zum Wegweiser und zur Aufgabe geworden ist."

mit einer Obrigkeit, die sich so offenkundig an den Rechten der jüdischen Bürger vergangen hatte, stellte sich die Frage nach der Bindung des Christen an die Obrigkeit in neuer, radikaler Weise. Vor diesem Hintergrund dachte das „Konzil“ über das Recht des Christen zum Widerstand und weitere Fragen der christlichen Ethik nach. Darüber hinaus wurde über Probleme einer anzustrebenden postnationalsozialistischen Staats-, Rechts- und Wirtschaftsordnung diskutiert.[133] Durch die Katholiken scheint die Diskussion über die Grundlagen des Naturrechts, insbesondere des Widerstandsrechts, wichtige Impulse erhalten zu haben. Sie brachten beispielsweise die päpstlichen Enzykliken ins Gespräch. Obwohl bewusst auf eine aktuelle politische Zuspitzung verzichtet worden ist, waren sich doch, wie sich von Dietze erinnert, „alle stillschweigend einig, dass wir aus den grundsätzlichen Erörterungen die Folgerungen für unser Verhalten zum nationalsozialistischen Regime zu ziehen gewillt waren. Es zeigte sich, dass wir mit den Katholiken trotz großer Unterschiede in den prinzipiellen Ausgangspunkten in den praktischen Forderungen weitgehend übereinstimmten.“[134]

Die Eindrücke der „Reichskristallnacht“ hatten die Mitglieder des „Konzils“ nicht ruhen lassen: Wie anders ist die enorme Dynamik zu erklären, mit der sie ans Werk gingen und die Ergebnisse ihrer Diskussionen in einer ersten Denkschrift gerinnen ließen? Bereits im Dezember 1938 lag sie vor: „Kirche und Welt. Eine notwendige Besinnung auf die Aufgaben des Christen und

133 Das ergibt sich u. a. aus den in seinen Kalendern erhaltenen Aufzeichnungen Constantin von Dietzes, in: ACDP, NL von Dietze, I-345-001/2 und den erhaltenen Vorträgen von Dietzes, in: Ebenda, I-345-012/6.
134 Constantin von Dietze, Darlegung, ohne Datum (wahrscheinlich noch 1945), in: ACDP, NL von Dietze, I-345-013/2.

der Kirche in unserer Zeit."[135] Gerhard Ritter hat sie wahrscheinlich in enger Abstimmung mit Karl Dürr und Otto Hof entworfen. Wie ein im Nachlass von Dietzes erhalten gebliebener, mit unzähligen handschriftlichen Verbesserungen und Ergänzungen – die in die Endfassung dann teilweise aufgenommen worden sind – versehener Entwurf jedoch beweist, hatten auch Walter Eucken und vor allem Constantin von Dietze entscheidenden Anteil an der Ausarbeitung der Textes.[136]

Keine Frage, dieser Text kann als ein Ersatz für den ausbleibenden allgemeinen Protest der Bekennenden Kirche auf die „Kristallnacht" verstanden werden. Er ist aber noch mehr. Die Empörung über die Entrechtung und Verfolgung der Juden bildet den Subtext dieser Denkschrift, sie kann als durchgängiges Motiv aus jedem Kapitel, jeder Passage herausgelesen werden. Mithin ist diese Denkschrift auch ein Zeugnis für ein waches Hinschauen auf die politischen Realitäten der Zeit. Der ungetrübte Blick auf das Unrecht, das den Juden zugefügt wurde, die klare Sicht auf die nationalsozialistischen Machthaber, für deren Politik der Pogrom symptomatisch war, die Analyse des Unrechtscharakters, der den nationalsozialistischen Staat so offensichtlich kennzeichnete und der nur noch wenig mit ihren Vorstellungen einer nationalen Gemeinschaft zu tun hatte: das veranlasste die *Freiburger* dazu, sehr grundsätzlich über das Verhältnis zwischen Christen, Kirche und weltlicher Obrigkeit und daraus resultierenden praktischen Folgerungen nachzudenken: auch und gerade im Sinne eines Widerstandsrechtes oder sogar einer Widerstandspflicht des Christen.

---

135 Eine Edition dieser Denkschrift wurde besorgt von Reinhard Hauf in: Ritter 1984, Anlage II, S. 629-654. Zukünftig zitiert als 1. Denkschrift.

136 Papier „Als evangelische Christen ...", ohne Autorenangabe, ohne Datum (wahrscheinlich November 1938), in: UBF, NL von Dietze, K. 200.

In der politischen Ideengeschichte ist es ein altbekanntes Muster: Politisch-theoretische Entwürfe entstehen meist in Reaktion auf politische Krisensituationen. In diesem Fall wird die Krisensituation durch die „Reichskristallnacht" markiert. Hier traten für jeden, der sehen wollte, Politik und Moral auseinander. Hier offenbarten sich letztlich die Folgen einer radikalen Säkularisierung des Staates. Die *Freiburger* reagierten im wahrsten Sinne des Wortes auf diese Krise und formulierten eine politische Ethik auf der Grundlage christlicher Verantwortung. Mit dieser politischen Stoßrichtung gingen sie deutlich über das Selbstverständnis der Bekennenden Kirche hinaus, die stets zwischen kirchlichen und staatlichen Angelegenheiten so durchgreifend zu scheiden wusste, dass jede sich selbst überlassen blieb. Das war revolutionär: eine politische Ethik, die aus der Sensibilität für das erwuchs, was Mitmenschen in Deutschland passierte.

Kurz zu den zentralen Aussagen der Denkschrift. Zunächst werden die „Unterordnung des Christen unter die weltliche Obrigkeit und ihre Grenzen" untersucht. Im Rahmen einer biblischen und einer historischen Untersuchung kommen die Verfasser zu dem Ergebnis, dass der Christ „der Obrigkeit keineswegs ‚bedingungslos' untertan zu sein" habe, sondern immer nach dem Verhältnis fragen muss, „in dem die Anordnungen der Obrigkeit zu der taxis stehen, die ihr Gott gesetzt hat. – Bedingungslosen Gehorsam gibt es nur Gott gegenüber. Es gibt Fälle, wo der Christ wegen des Gehorsams Gott gegenüber der Obrigkeit den Gehorsam verweigern muß (Apostelgeschichte 5,29)."(639) Im zweiten Teil, in dem die Frage nach den Aufgaben, die der christlichen Predigt erwachsen „angesichts offener Mißachtung und Verletzung göttlicher Gebote in der Volksgemeinschaft", im Mittelpunkt steht, setzen sich die Verfasser mit der aktuellen politischen Gegebenheiten auseinander. Sie stellen fest, dass die Obrigkeit nicht mehr so fest umrissen ist wie etwa im Absolutismus.

Der moderne Obrigkeitsstaat wolle „in einem besonderen Sinne Volksstaat sein. Er will grundsätzlich seine Untertanen nicht nur regieren, sondern ihre Gesinnung im weitesten Umfang mitbestimmen. Das politische Leben vollzieht sich in einer fortwährenden Wechselwirkung von oben nach unten und von unten nach oben." (648) Deshalb sei der „öffentliche Geist" einer der wichtigsten politischen Machtfaktoren der Gegenwart." (649) Und gerade aus diesem Grunde sei es umso besorgniserregender, dass der öffentliche Geist von Gottentfremdung, Selbstüberschätzung und Selbstgerechtigkeit geprägt ist:

> „Wir stehen vor Symptomen einer ständig wachsenden Gottentfremdung, Selbstgerechtigkeit und Selbstüberhebung der Menschen, die nachgerade niemand mehr in ihrer erschreckenden Bedeutsamkeit übersehen kann. Wir heben hier nur drei Symptome heraus:
>
> 1. Wenn bedingungsloser Gehorsam gegen Menschengebot gefordert wird, ohne Vorbehalte des göttlichen Gebots, und schrankenlose, religionsartige Verehrung Menschenwesen entgegengebracht wird, so heißt das Gottes Ehre und unbedingten Herrschaftsanspruch, wie ihn das erste Gebot verkündet, gröblich verletzen.
>
> 2. Auch die äußere Form des Volksaufruhrs ist in Gottes Augen keine Entschuldigung dafür, daß die Gebote der 2. Gesetzestafel gröblich übertreten, Mitmenschen schwer an Leib und Leben geschädigt, ihrer Güter oder gar ihres Heiligsten beraubt werden.
>
> 3. Die biblische Einsicht, daß alle Menschen ohne Unterschied der Rassen vor Gottes Augen Sünder sind, macht dem Christen die uneingeschränkte Selbstverherrlichung des eigenen Volkstums ebenso unmöglich wie die unterschieds- und schrankenlose Verurteilung fremder Volksart als minderwertig oder gar verbrecherisch." (649)

Diesen Geist gelte es zu bekämpfen. Denn er habe Deutschland dahin geführt, „daß ungestraft in aller Öffentlichkeit, die allerelementarsten Gebote christlicher Sittlichkeit, die zehn Gebote in ihrer allerschlichtesten Form gröblich verletzt werden konnten." (650) Schließlich wäre es „ein ungeheures Unglück, wenn endgültig der Geist des Hasses, der Rachsucht, der grenzenlosen Schmähung und Verleumdung des Gegners, des bewußten Verzichts auf jede Gerechtigkeit[,] der Selbstvergötterung der eigenen Rasse unser öffentliches Leben bestimmen würde [...] und wenn der Geist der Nächstenliebe, des Willens zur Gerechtigkeit auch dem Gegner gegenüber, der Wahrhaftigkeit, endgültig untergehen würde." (653) Es sei nun Aufgabe der Kirche, nicht weiterhin die „Pflicht der Gewissensführung" zu versäumen, sondern öffentlich das Wort zu ergreifen: „Römer 13 darf nicht mißbraucht werden als Deckmantel menschlicher Bedenklichkeiten und Ängstlichkeiten. Denn menschliche Furcht – auch die Besorgnis um das äußere Schicksal der Kirche – darf dem klaren göttlichen Gebot nicht im Wege stehen, andernfalls hätte die Kirche keine Verheißung mehr." (653)

Die Autoren schließen ihr Papier mit einem Hinweis auf die Dahlemer Bußtagspredigt Helmut Gollwitzers. Sie sei ein „Musterbeispiel einer Verkündigung des göttlichen Zorns über die Sünden unserer Zeit". (654) Damit verweisen die *Freiburger* auf eine der mutigsten Ansprachen, die aus Anlass des Pogroms in Deutschland öffentlich zu hören waren. Helmut Gollwitzer, Nachfolger des verhafteten Martin Niemöller im Amt des Gemeindepfarrers an der St. Annen-Kirche in Berlin-Dahlem, einem bedeutenden Zentrum der Bekennenden Kirche, hatte am 16. November 1938 eine Bußpredigt gehalten, die als ein „Beispiel ebenso für die politische Dimension der Kanzelrede wie für die Kunst, zwischen den Zeilen aber für jedermann deutlich genug zu predigen"[137] gelten kann. Ohne den Pogrom beim Namen zu nennen, predigte Gollwitzer ausschließlich über ihn als Herausforderung für den Christen. „Was muten wir Gott zu", fragt Gollwitzer, „wenn wir jetzt zu ihm kommen und singen und die Bibel lesen, beten, predigen, unsere Sünden bekennen. [...] Ekeln muß es ihn doch vor unserer Dreistigkeit und Vermessenheit." Er sprach von dem „Verfolgungswahn, der den anderen verteufeln muß, um sich selbst zu vergöttern", von dem Ekel, „den wir empfinden, wo das böse nicht nur böse ist, sondern auf widerliche Weise sich moralisch maskiert, wo niedere Instinkte, wo Haß und Rache sich als etwas Großes und Gute gebährden". Und er betonte vor allem:

> „Wir sind auch alle daran beteiligt, der eine durch die Feigheit, der andere durch die Bequemlichkeit, die allem aus dem Weg geht, durch das Vorübergehen, das Schweigen, das Augenzumachen, durch die Trägheit des Herzens, die auf die Not erst dann aufmerksam wird, wenn sie offen zu sehen ist, durch die verfluchte Vorsicht, die sich durch jeden schiefen Blick und jeden drohenden Nachteil von jedem guten Werk abbringen läßt, durch die törichte Hoffnung, es werde sich schließlich doch alles noch von selbst zum Guten entwickeln, ohne daß man sich dafür mutig einsetzt. In alledem werden wir als mitschuldig offenbar, als Menschen, die ihr eigenes Leben und sich selbst liebhaben und die für Gott und den Nächsten gerade noch so viel Liebe übrig haben, als man ohne Mühe und Belästigung abgeben kann."

137 Wolfgang Gerlach, Als die Zeugen schwiegen. Bekennende Kirche und die Juden, Berlin 1993, S. 239.

Die Predigt schließt:

> „Nun wartet draußen unser Nächster, notleidend, schutzlos, ehrlos, hungernd, gejagt, und umgetrieben von der Angst um seine nackte Existenz, er wartet darauf, ob heute die christliche Gemeinde wirklich einen Bußtag begangen hat. Jesus Christus wartet darauf! Amen."[138]

Nationalkommunitäres Denken auf christlichem Grund: Die zweite Denkschrift

Der Auftrag

Die erste Freiburger Denkschrift fand vor allem im Südwesten Deutschlands Verbreitung. Aber auch in Berliner Kreisen der Bekennenden Kirche war man auf die Arbeit der *Freiburger* aufmerksam geworden; die „Vorläufige Leitung" der Bekennenden Kirche erinnerte sich der „ausgezeichneten Sachverständigen, die der Bekennenden Kirche im Freiburger Kreis zur Verfügung standen."[139] Von hier kam ein neuer Anstoß für die oppositionelle Arbeit der Freiburger Professoren. Im erklärten Auftrag der „Vorläufigen Leitung" nahm Dietrich Bonhoeffer im Sommer 1942 Verbindung mit ihnen auf.[140] Constantin von Dietze war der

138 Helmut Gollwitzer, Zuspruch und Anspruch. Predigten, München 1954, S. 36–44.

139 Eberhard Bethge, Dietrich Bonhoeffer. Theologe – Christ – Zeitgenosse, 4. Aufl. München 1978, S. 871ff.

140 Für die Annahme, Bonhoeffer sei „wohl" am 16. Juni 1942 in Freiburg gewesen, um mit Mitgliedern des inneren Freiburger Kreises über die Denkschrift zu beraten (Vgl. Dietrich Bonhoeffer, Konspiration und Haft 1940–1945, hrsg. von Jorgen Glenthoj, Ulrich Kabitz und Wolf Krötke, Gütersloh (=Dietrich Bonhoeffer Werke Bd. XVI) 1996, hier die Chronologie S. 726) lassen sich keine Belege finden. Dietze erinnerte sich nach dem

Ansprechpartner Bonhoeffers. Beide kannten sich aus gemeinsamen Berliner Jahren: Im Januar 1937 waren sie sich das erste Mal während einer in Dahlem stattfindenden Tagung führender Mitglieder der Bekennenden Kirche zur Vorbereitung der Oxforder Weltkirchenkonferenz 1937 begegnet. Seitdem sahen sie sich immer wieder in unregelmäßigen Abständen.[141] Bonhoeffer bat nun die *Freiburger* darum, für eine unmittelbar nach dem Krieg geplante ökumenische Weltkirchenkonferenz eine Programmschrift zu verfassen, die „Grundsätze einer gesunden, auf christlicher Grundlage ruhenden Außen- und Innenpolitik" beinhalten und insbesondere „die Sicherung des künftigen Weltfriedens und [...] die Neugestaltung des deutschen Staatslebens nach dem Krieg" berücksichtigen sollte.[142]

Es ist viel darüber spekuliert worden, warum sich Dietrich Bonhoeffer an die *Freiburger* gewandt hat und nicht an die *Kreisauer* um Helmuth James Graf von Moltke und Peter Graf Yorck von Wartenburg. Schließlich kannten sich Bonhoeffer und Moltke recht gut, noch im April 1942 unternahmen sie gemeinsam eine durch einen Auftrag der Abwehr gedeckte Reise nach Norwegen.[143] Vielleicht hat die „Chemie" zwischen beiden nicht

Krieg stets nur an einen Besuch Bonhoeffers in Freiburg im Herbst 1942. Vgl. Constantin von Dietze an Eberhard Bethge (Rengsdorf), Freiburg, den 23.4.1969, in: UBF, NL von Dietze, K. 112, M.3). Ders. an Marianne Meyer-Krahmer (Heidelberg), Freiburg, den 1.6.1964, in: UBF, NL von Dietze, K. 115.

141 Vgl. Constantin von Dietze an Eberhard Bethge (Rengsdorf), Freiburg, den 23.4.1969, in: UBF, NL von Dietze, K. 112, M. 3).

142 So Gerhard Ritter in seiner Einführung zur ersten, nur in wenigen Exemplaren hektografierten Veröffentlichung der Denkschrift, in: Denkschrift, S. 27f.

143 Bethge 1978, S. 844ff.; Helmuth James von Moltke, Briefe an Freya 1939–1945, hrsg. von Beate Ruhm von Oppen, 2. Aufl. München 1991, S. 360.

gestimmt. Wahrscheinlich aber fiel es Bonhoeffer zum damaligen Zeitpunkt noch schwer, mit Leuten der Kirche zusammenzuarbeiten, die den opferreichen Weg der „Vorläufigen Leitung“ und der Bruderräte nicht mitgegangen waren. Und die kirchlich gebundenen Männer aus evangelischer Richtung bei den *Kreisauern*, wie Schönfeld, Gerstenmaier, Poelchau oder auch Stelzer konnte die Bekennende Kirche nicht als ihre Leute ansehen.[144] Die *Freiburger* jedoch gehörten eindeutig hinzu.

Der Impuls für den Auftrag Bonhoeffers an die *Freiburger* ist offensichtlich von Dietrich Bonhoeffers Gesprächen mit dem Bischof von Chichester, George K. A. Bell, ausgegangen. Während ihres Treffens in der Kirchlichen Akademie im schwedischen Sigtuna und in Stockholm Ende Mai/Anfang Juni 1942 hatte Bell die Frage aufgeworfen, ob sich entsprechend den in England und den USA bereits existierenden „Peace Aims“-Studiengruppen in Deutschland ein ähnliches Gremium bilden ließe, das eine Denkschrift als deutschen Beitrag zu einer Nachkriegskonferenz des Weltkirchenrates erstellen könnte.[145] Am 9. Oktober 1942 reiste Bonhoeffer nach Freiburg und besuchte von Dietze, um

144 Bethge 1978, S. 873. Dass es, wie Bethge annimmt, keinen Kontakt zwischen den *Freiburgern* und den *Kreisauern* gab, stimmt allerdings nicht. Dietze nahm im März 1942 als Referent an einem agrarpolitischen Treffen mit Moltke, Yorck und anderen Kreisauern auf dem Gut von Ernst von Borsig in Groß Behnitz teil. Lampe stand in einem regelmäßigen Austausch mit Yorck von Wartenburg. Vgl. dazu Wilhelm Ernst Winterhager (Berab.), Der Kreisauer Kreis. Portrait einer Widerstandsgruppe. Begleitband zu einer Ausstellung der Stiftung Preußischer Kulturbesitz, Berlin 1985, S. 111.

145 Vgl. Dietrich Bonhoeffer, Konspiration und Haft 1940–1945, hrsg. von Jorgen Glenthoj, Ulrich Kabitz und Wolf Krötke, Gütersloh (=Dietrich Bonhoeffer Werke Bd. XVI) 1996, S. 280. Vgl. auch das Nachwort der Herausgeber zu diesem Band, S. 673–709, insbes. S. 694ff. Zur Schweden-Reise Bonhoeffers vgl. Bethge 1978, S. 850ff.

mit ihm und Erik Wolf sein Anliegen zu besprechen.[146] Wolf, zunächst Anhänger Heideggers und überzeugter Nationalsozialist, hatte inzwischen seinen politischen Irrtum erkannt und sich zu einem engagierten Gegner des Regimes und aktiven Mitglied der Bekennenden Kirche gewandelt.[147] Ab 1936 gehörte er sogar dem Verfassungsausschuss der Bekennenden Kirche an; dort wird Bonhoeffer ihm wahrscheinlich begegnet sein. Notizen in den Nachlässen Bonhoeffers und von Dietzes belegen, dass während dieses Freiburger Gesprächs detaillierte Expositionen der Denkschrift diskutiert worden sind.[148]

Constantin von Dietze ging ans Werk. Er bildete nun einen engeren Arbeitskreis, dem zunächst nur die innere Gruppe der *Freiburger*, also Eucken, Lampe, Ritter und er selbst angehörte. In Sitzungen, die in „tiefem Geheimnis“[149] stattfanden und von denen selbst das weiterhin tagende „Konzil“ nichts erfuhr, ging diese Arbeitsgruppe sofort daran, den Hauptteil und die wichtigsten Anhänge der Denkschrift vorzubereiten. Der Entwurf der beiden Hauptteile der Denkschrift wurde von Gerhard Ritter verfasst. Anhänge zur „Wirtschafts- und Sozialordnung“ schrieben

146 Vgl. Ebenda und Constantin von Dietze an Marianne Meyer-Krahmer (Heidelberg), Freiburg, den 1.6.1964, in: UBF, NL von Dietze, K. 115; Tagebucheintrag Eric Wolfs über den Besuch Bonhoeffers in Freiburg am 9.10.1942: „CvDietze zur Unterredung mit Pfr. Bonhoeffer bis spät abends“.

147 Vgl. Alexander Hollerbach, Zu Leben und Werk Erik Wolfs, in: Erik Wolf, Studien zur Geschichte des Rechtsdenkens. Ausgewählte Schriften III, hrsg. von Alexander Hollerbach, Frankfurt/M., S. 235–271, insbes. S. 247ff.

148 Die parallel zueinander vorgenommenen Besprechungsnotizen Bonhoeffers und von Dietzes sind abgedruckt in: Dietrich Bonhoeffer, Konspiration und Haft 1940–9145, hrsg. von Jorgen Glenthoj, Ulrich Kabitz und Wolf Krötke, Gütersloh (=Dietrich Bonhoeffer Werke Bd. XVI) 1996, S. 360–363.

149 Ritter, Vorwort, in: Denkschrift, S. 28.

die drei Freiburger Nationalökonomen, ein Anhang zur „Rechtsordnung" wurde von Erik Wolf und Franz Böhm entworfen.[150]

Eine Generaldebatte über die Entwürfe fand vom 17. bis 19. November 1942 im Hause der Familie von Dietze statt. Die *Freiburger* hielten es für sinnvoll, den Kreis der Diskutanten um angesehene Fachleute zu erweitern. So nahm an der Geheimtagung neben dem inneren Kreis auch der 1933 zwangspensionierte Generalsuperintendent der evangelischen Kirche der Neumark, Otto Dibelius teil, der sich zu einem der profiliertesten Vertreter der Bekennenden Kirche entwickelt hatte. Nach Freiburg kam natürlich auch Franz Böhm. Als Beauftragter des Württembergischen Landesbischofs Theophil Wurm reiste auch der junge Theologe Helmut Thielicke an, der damals eine kommissarische Professur an der Heidelberger Universität wahrnahm. Die Einladung nahm auch der Berliner Unternehmer Walter Bauer an. Zudem hatte Constantin von Dietze Carl Friedrich Goerdeler hinzugebeten, den ehemaligen Leipziger Oberbürgermeister, der schon damals zum Kopf und Motor der zivilen Opposition gegen Hitler geworden war.[151] Goerdeler stand in vielfältigem Austausch mit den *Freiburgern*: Seit langem war er mit Ritter befreundet und mit Lampe in engem wissenschaftlichen Kontakt. Auch Eucken kannte er, mit Böhm war er seit dem Frühsommer 1938 bekannt.[152] Von Dietze selbst stand seit 1937 „in

150 Rübsamen/Schadek 1990, S. 77ff. Die zweite Denkschrift ist abgedruckt in: In der Stunde Null. Die Denkschrift des Freiburger „Bonhoeffer-Kreises": Politische Gemeinschaftsordnung. Ein Versuch zur Selbstbesinnung des christlichen Gewissens in den politischen Nöten unserer Zeit, Tübingen 1979.

151 Dass von Dietze es war, der Goerdeler eingeladen hatte, wird deutlich im Brief von Constantin von Dietze an Marianne Meyer-Krahmer (Heidelberg), Freiburg, den 1. 6.1964, in: UBF, NL von Dietze, K. 115.

152 Vgl. Ritter 1984, S. 631.

engem freundschaftlichen" Verkehr mit Goerdeler: „Wir fanden uns vor allem in der gemeinsamen Überzeugung", so erinnerte sich von Dietze unmittelbar nach dem Krieg, „dass es eine auf göttlichem Gebot beruhende politische Ethik geben muss, und dass das nationalsozialistische Regime dem zuwider handelte, dass es damit unserem Volke verhängnisvoll werden müsste."[153] Überdies hatte Goerdeler die *Freiburger* im Zusammenhang mit seiner Denkschrift „Das Ziel" bereits 1940 oder 1941 um fachlichen Rat gebeten.[154] 1942/43 beauftragte zudem Goerdeler von Dietze, eine sogenannte Volkswirtschaftsfibel zu verfassen, die nach einem Regierungswechsel veröffentlicht werden sollte. Das Ziel war, wie Dietze sich nach dem Kriege erinnerte, „im Volke wieder Verständnis für wirtschaftliches Denken zu verbreiten."[155] Neben von Dietze haben auch Eucken und Lampe einige Teile zur Fibel beigetragen.

---

153 Constantin von Dietze, Bericht, in: ACDP, NL von Dietze, I-345-013/2.

154 Vgl. Peter Hoffmann, Widerstand-Staatsstreich-Attentat, 4. Aufl. München-Zürich 1985, S. 239.

155 Constantin von Dietze, Notiz vom 28.2.1952, in: BAK, NL Goerdeler, N 1113, Nr. 13. Ein Exemplar der Fibel befindet sich im NL Goerdelers: BAK, NL Goerdeler, N 1113, Nr. 13. Goerdeler hatte bereits 1936 eine „Wirtschaftsfibel" verfasst, mit dem Ziel, „dem Arbeiter einmal ganz einfache wirtschaftliche Zusammenhänge" klarzumachen. Das hielt er für notwendig, da er eine „Stimmung" in der Arbeiterschaft wie in anderen Bevölkerungskreisen ausgemacht hat, die „mit dem Sinn des Lebens offenbar nicht mehr fertig wird. Denn steigende Preise und sinkende Einkommen fangen an, ihre Wirkung zu tun." Die Fibel durfte jedoch nie veröffentlicht werden, wie Goerdeler in den einleitenden Bemerkungen feststellt: „Unmittelbar nach dem Parteitag 1936", auf dem der Führer und Reichskanzler wirtschaftliche Ausführungen machte, die meine Darlegungen ohne Namensnennung schroff bekämpften, erhielt ich durch Anruf und Telegramm Mitteilungen des Propagandaministers, daß meine Abhandlung nicht veröffentlicht werden dürfe."

Während der Geheimsitzung wurden die Entwürfe nun diskutiert und redigiert. Offensichtlich führten die Beratungen teilweise zu wesentlichen Änderungen der bereits bestehenden Texte.[156] Zudem verständigte man sich darauf, die Denkschrift um drei weitere Anhänge zu ergänzen. So wurde Dibelius gebeten, eine Abhandlung zur „Kirchenpolitik" zu schreiben. Friedrich Delekat, Theologieprofessor in Dresden, übernahm die Aufgabe, sich mit Fragen der „Erziehung" zu beschäftigen. Und der Justitiar der Bekennenden Kirche und Freund Dietrich Bonhoeffers, Friedrich Justus Perels, wurde mit einer Ergänzung des Anhangs „Rechtsordnung" beauftragt. Mit Ausnahme des Perels-Beitrages, der nicht rechtzeitig abgeschlossen wurde und deshalb nicht mehr einbezogen werden konnte, trafen die angeforderten Texte im Laufe des Dezembers ein. Einige, heute nicht mehr genau auszumachende Teile wurden in den darauffolgenden Wochen von den *Freiburgern* in Zusammenarbeit mit den „Berlinern" redaktionell überarbeitet. Abgeschlossen wurde die Arbeit an der Denkschrift dann Mitte Januar 1943.

Dietrich Bonhoeffer

An der Freiburger Generaldebatte nicht teilgenommen hat der eigentliche Auftraggeber, Dietrich Bonhoeffer: „Er hatte kommen wollen", erinnerte sich von Dietze, „aber kurz vorher abgesagt."[157] Bonhoeffer stand jedoch in ständigem Kontakt mit der Gruppe. In der auf von Dietzes Aussagen vor der Gestapo beruhenden Anklageschrift ist allein von drei Gesprächen mit Bonhoeffer – eins vor der Freiburger Geheimkonferenz, zwei nach ihr – die

156 Rübsam/Schadek, S. 85.
157 Constantin von Dietze an Eberhard Bethge (Rengsdorf), Freiburg, den 29.4.1969.

Rede (Ende Oktober/Anfang November 1942, Januar und Februar 1943).[158] Auch Christine Blumenberg-Lampe weiß zu berichten, dass von Dietze gemeinsam mit ihrem Vater, Adolf Lampe, mehrmals nach Berlin reiste, um mit Bonhoeffer und Hans Böhm und unter anderem dem Justitiar der Bekennende Kirche Friedrich Justus Perels die Denkschrift zu redigieren.[159] In Constantin von Dietzes Taschenkalender bzw. Notizbuch finden wir Bonhoeffers Namen im Oktober und November 1942 immer wieder notiert, manchmal auch mit längeren Bemerkungen. Das lässt auf einen ständigen Kontakt in der Entstehungsphase der Denkschrift schließen.[160] Eine andere Quelle, das Tagebuch des in der Abwehr für die Opposition wirkenden Karl Ludwig Freiherr von und zu Guttenberg – ein enger Vertrauter des Kopfes im Widerstand der Abwehr Hans von Dohnanyi –, belegt, dass es am 27. Oktober 1942 im Hause von Justus Delbrück, einem Verwandten und in der Abwehr tätigen Mitverschworenen Bonhoeffers, ein viereinhalbstündiges Meeting gegeben hat. Teilnehmer waren: Dietrich Bonhoeffer, sein ebenfalls für die Opposition wirkender Bruder Klaus, der Theologe Eberhard Bethge, Constantin von Dietze und Guttenberg. Es ist anzunehmen, dass auch hier über das Denkschriftprojekt gesprochen worden ist.[161]

---

158 Abschrift der Anklageschrift gegen Dr. Walter Bauer und Constantin von Dietze, Berlin, den 9.4.1945, S. 8f., in: ACDP, NL von Dietze, I-256-038/2.

159 Blumenberg-Lampe 1973, S. 25.

160 Der Name Bonhoeffer oder die Abkürzungen „Bhf.", „Bh." oder „Bf." taucht in von Dietzes Kalender bzw. seinem Notizbuch auf am: 14.10., 18.10., 19.10. (mit Telefonnummer Bonhoeffers), 20.10. (gestrichen) , 21.10., 27.11., 20.12 (Treffen mit Böhm, Perels, Delekat). Die Taschenkalender und Notizbücher sind archiviert im ACDP, NL von Dietze, I-345-012/7.

161 Tagebuch Karl Ludwig Freiherr von und zu Guttenberg, in: NL Guttenberg, Privatbesitz Freifrau Maria Theodora von und zu

Ganz offensichtlich hat Bonhoeffer auch die Endfassung der Denkschrift gekannt. An einem bei Walter Bauer stattfindenden Treffen am 6. und 7. Februar 1943, also nach Abschluss der eigentlichen Arbeit an der Denkschrift, nahmen, wie die Notizen von Dietzes belegen, neben Constantin von Dietze und Dietrich Bonhoeffer auch Franz Böhm, Friedrich Justus Perels und Paul Delekat teil. Aus von Dietzes Stichworten erfahren wir, dass Bonhoeffer den *Freiburgern* aufgrund der Lektüre der Denkschrift offensichtlich Vorschläge machte, wie bestimmte Akzente zu setzen seien. So sei die „Gründung auf dem Gewissen […] Sache vergangener Theologie" und man möge „das Lutherische nicht so stark hervorheben."[162]

Ein ausdrücklicher Hinweis auf die weitgehend über Constantin von Dietze laufende enge Zusammenarbeit zwischen Bonhoeffer und den *Freiburgern* erscheint hier angebracht. Denn seit Ende der siebziger Jahre gibt es in der Bonhoeffer-Forschung eine Tendenz, Bonhoeffers Einfluss auf die Freiburger Aktivitäten möglichst nicht zu hoch zu hängen. Dagegen zeigten sich vor

---

Bottlenberg-Landsberg, Essen. In von Dietzes Kalender ist für den 27.10. wie für den 14.10. der Name Guttenberg notiert. Wie das Tagebuch Guttenbergs verrät, hat sich von Dietze Ende Oktober 1942 wahrscheinlich mehrere Tage in Berlin aufgehalten: Am 22. Oktober ist ein Vortrag von Dietzes notiert, an dem u.a. auch Borsig teilgenommen hat. Gemeint ist wahrscheinlich Ernst von Borsig, auf dessen Gut in Groß Behnitz Constantin von Dietze im Frühjahr 1942 mit Helmuth James Graf von Moltke, Peter Graf Yorck von Wartenburg und anderen Kreisauern über Fragen einer künftigen Landwirtschaftspolitik diskutiert hat. Vgl. dazu Winterhager 1985, S. 111.

162 Constantin von Dietze, Notizbuch, in: ACDP, NL von Dietze, I-345-012/7. Eintragung im Kalender zum 20.12. Von Dietze hatte am 17.11.1942 vorgemerkt: „19/20. Dez. Berlin". Ein Verweis auf den „6./7.II." spricht aber dafür, dass das Treffen im Februar stattgefunden hat. Die Seite 20./21. Dezember 1942 ist auch abgedruckt in Rübsam/Schadek, S. 86 und Bonhoeffer-Werke XVI, S. 382.

allem Nachkommen der Angehörigen der *Freiburger Kreise* und Teile der mit dem Widerstand der *Freiburger* befassten Forschung daran interessiert, für den an der Erarbeitung der Denkschrift beteiligten Zirkel die Bezeichnung „Bonhoefferkreis“ zu etablieren.[163] Beiden Anliegen, der Betonung einer Distanz zwischen Bonhoeffer und den *Freiburgern* wie der Akzentuierung einer besonderen Nähe zwischen ihnen, verfolgen letztlich eine geschichtspolitische Stoßrichtung. Alles dreht sich um einen besonders brisanten Teil der Freiburger Denkschrift: Der von Constantin von Dietze entworfenen Anlage 5 „Vorschläge für eine Lösung der Judenfrage in Deutschland“.[164] Legen die einen Wert darauf, Bonhoeffer mit diesem Beitrag möglichst nicht in Verbindung zu bringen, scheint es den anderen darum zu gehen, mit einer Beteiligung Bonhoeffers die problematischen Passagen der Denkschrift zu entschärfen. Festgehalten werden kann: Bonhoeffer war zweifellos der Inspirator der Denkschrift. Er beteiligte sich inhaltlich an ihrer Konzeption. Und er wusste ganz offensichtlich, das zeigen Bonhoeffers Notizen des Gesprächs am 9. Oktober 1942, in denen er auch das Stichwort „Die Juden“ notiert hatte, von dem Plan oder hatte sogar an seiner Entwicklung mitgewirkt, ein Kapitel über die Stellung der Juden im zukünftigen Deutschland in die Denkschrift aufzunehmen. Ganz klar: Es ist davon auszugehen, dass er die Endfassung der Denkschrift kannte und damit wahrscheinlich auch das Kapitel zur „Judenfrage“.

Nicht mit letzter Sicherheit zu klären ist, ob die Anlage 5 zur „Judenfrage“ während der Freiburger Geheimkonferenz im November 1942 bereits vorlag und von den Teilnehmern diskutiert worden ist. Es spricht sehr viel mehr dafür als dagegen. Zwar passte Helmuth Thielickes Erinnerung offenbar so gut in das

163 Geprägt wurde dieser Begriff von Blumenberg-Lampe 1973, S. 21ff.

164 Ritter 1945, Vorwort, in: Denkschrift, S. 28.

Konzept der meisten seit Anfang der achtziger Jahre publizierten Arbeiten über die *Freiburger Kreise*, dass die Auffassung, der Anhang 5 sei nicht im Plenum, geschweige denn mit Bonhoeffer diskutiert worden, häufig unkritisch übernommen wurde.[165] Er könne sich, bemerkte Thielicke in der Einleitung zur Edition der Denkschrift, „nicht erinnern, dass dieses letzte Stück der Anlagen damals in unserem Kreise besprochen worden wäre“ und vermöge sich auch „nicht recht vorstellen, dass dieser Schriftsatz tatsächlich zu unseren Verhandlungsgegenständen gehört hätte“[166]. Thielickes Votum, geäußert Ende der siebziger Jahre, zu einem Zeitpunkt also, an dem die anderen Beteiligten nicht mehr am Leben waren und sich allmählich eine Sensibilität für das Verhältnis von Christen zu Juden zu entwickeln begann, der Inhalt des Anhangs also wenig opportun erschien, deckt sich jedoch nicht mit den unmittelbar nach dem Krieg zu Papier gebrachten Erinnerungen Gerhard Ritters oder mit denen Walter Bauers.[167]

---

165 Vgl. Rübsam/Schadek 1990, S. 87ff; Christine-Ruth Müller, Dietrich Bonhoeffers Kampf gegen die nationalsozialistische Verfolgung und Vernichtung der Juden, München 1990, S. 274; Heiko Haumann/Dagmar Rübsam, Hakenkreuz über dem Rathaus: Widerstand, in: Heiko Haumann/Hans Schadek; Geschichte der Stadt Freiburg, Bd. 3: Von der badischen Herrschaft bis zur Gegenwart, Stuttgart 1992, S. 346ff.

166 Vgl. Helmut Thielicke, Zur Einführung. Nach fast vier Jahrzehnten, in: In der Stunde Null. Die Denkschrift des Freiburger „Bonhoeffer-Kreises“ Politische Gemeinschaftsordnung. Ein Versuch zur Selbstbesinnung des christlichen Gewissens in den politischen Nöten unserer Zeit, Tübingen 1979, S. 5–25, S. 21. Vgl. auch die im Kapitel zu Thielickes Beteiligung an der Arbeit der *Freiburger Kreise* merkwürdig blass wirkende Darstellung in seiner an farbigen Zeugnissen der Selbstbezogenheit wahrlich nicht armen Autobiografie: Helmut Thielicke, Zu Gast auf einem schönen Stern. Erinnerungen, Hamburg 1984, S. 188ff.

167 Gerhard Ritters Einleitung zur Denkschrift aus dem Jahr 1945 lässt kaum eine andere Deutung zu. Vgl. Ritter, Vorwort, in: Denkschrift, S. 28;

Auch Adolf Lampe bezeichnete kurz nach dem Krieg die Denkschrift in ihrer abgeschlossenen Gestalt als eine „im wahrsten Sinne des Wortes […] Gemeinschaftsarbeit"[168]. Zudem hatte es nach dem Krieg keiner der Mitwirkenden, mit Ausnahme Thielickes, für notwendig gehalten, sich von irgendeinem Teil der Denkschrift, auch nicht von der Anlage 5, zu distanzieren.

Aus all dem geht hervor, dass die Denkschrift einschließlich der Anhänge im „teamwork" entstanden ist. Zwar sind deren einzelne Teile von unterschiedlichen Mitarbeitern konzipiert worden, in der Endfassung wurden sie indes von allen Beteiligten getragen. Bisher noch nicht ausgewertete Quellen stützen diese Auffassung: Ein Hinweis vom 15. Oktober 1942 im Kalender Constantin von Dietzes, in dem die zentralen Stichworte eines Abschnitts des Anhangs 5 schon festgehalten sind[169], ist als das Resümee einer Besprechung zu werten, wie er es in ganz ähnlicher Weise etwa auch nach seiner Unterredung mit Dietrich Bon-

---

ebenso: Gerhard Ritter, Carl Goerdeler und die deutsche Widerstandsbewegung, 2. Aufl. Stuttgart 1955, S. 511; Vgl. in diesem Sinne auch die Äußerungen von Walter Bauer, Erinnerungen an schwere Zeit, in: Walter Bauer u. a. (Hrsg.), Ich glaube eine heilige Kirche. Festschrift für Hans Asmussen, Stuttgart-Berlin-Hamburg 1963, S. 88.

168 Adolf Lampe an Gerhard Ritter (Freiburg), Freiburg, den 13.3.1947, in: BAK, NL Ritter, N 1166, Nr. 328.

169 Die Notiz lautet:

„Wirtschaftlich	restitutio	
	konfessionell:	Ausländer, Betreuung durch internationalen Juden Staat
	konfessionslos:	staatenlos
	christlich:	Staatsbürger

Mischlingsfrage hört auf."

Es folgt die Nennung verschiedener Namen, darunter „Gustav", der Deckname für Goerdeler. Vgl. Constantin von Dietze, Kalender 1942, in: ACDP, NL von Dietze, I-345-012/7.

hoeffer am 9. Oktober 1942 zu Papier gebracht hatte. Ähnliches gilt für eine Eintragung vom 6. Dezember 1942. Hier notierte von Dietze die Ergebnisse eines Gesprächs mit Walter Eucken, das sich auf die Anlage 5 bezogen haben muss:[170] Deutliche Indizien dafür, dass der Anhang 5 keine isoliert entstandene Ausarbeitung, sondern das Ergebnis von Beratungen, offensichtlich vor und nach der Generaldebatte am 17. November, war. So muss die Anlage 5 als ein integraler Bestandteil der Denkschrift „Politische Gemeinschaftsordnung" der *Freiburger Kreise* angesehen werden.

Säkularisierung als Wurzel des Übels

Die im Anhang 5 niedergelegten Überlegungen der *Freiburger* zur zukünftigen Stellung der Juden können nicht isoliert, sondern müssen im Kontext der gesamten Denkschrift betrachtet werden. Schließlich sollte ja die gesamte Denkschrift eine politische, soziale und moralische Basis für ein post-nationalsozialistisches Deutschland bieten. Vieles von dem, was in der Anlage 5 formuliert wurde, ist nur verstehbar, wenn man sich die Annahmen vor Augen führt, die den politischen Überzeugungen der *Freiburger* zugrunde lagen. Sie werden deutlich im Zusammenhang mit ihren, freilich nicht immer systematischen Überlegungen zur Geschichte, Gegenwart und Zukunft von Staat, Recht, Volk und Gemeinschaft in Deutschland. Also knapp ein paar Leitgedanken dieser großen Freiburger Denkschrift, die sich über weite Strecken wie ein national-kommunitäres Bekenntnis, freilich lutherisch grundiert, lesen.

170 Vgl. Constantin von Dietze, Kalender 1942, in: ACDP, NL von Dietze, I-345-012/7.

Getragen von dem Erschrecken über das Versagen gerade auch des deutschen Protestantismus unternehmen die *Freiburger* mit ihrem Text den Versuch, eine „Selbstorientierung des christlichen Gewissens nach evangelisch-lutherischem Verständnis" zu formulieren. Denn die vergangenen Jahre hätten gezeigt, so wird einleitend festgestellt,

> „daß die sich selbst überlassene, unchristlich gewordene Welt ohne Gnade im Abgrund des sittlichen Chaos versinkt; daß keinerlei Errungenschaften moderner ‚Kultur' und Zivilisation vor der nackten Barbarei zu schützen vermögen; daß ohne das Salz christlicher Erkenntnis keine sogenannte weltliche Ethik echtes Gemeinschaftsleben aufzubauen vermag; daß unsere deutschen Reformationskirchen eine schwere Mitschuld an dem totalen Verfall unserer politischen Gesittung tragen, indem sie das ‚Politische' als eine dem christlichen Gewissen fremde Sphäre gleichsam ausklammerten und so in weiten Teilen selber der Säkularisation, ja geradezu dem Dämon der Macht und der nationalen Selbstvergötzung verfielen."

Damit ist – jetzt noch deutlicher als in der ersten Denkschrift – die Wurzel benannt, die nach Ansicht der *Freiburger* den Aufstieg der Nationalsozialisten ermöglichte: der Abfall von der christlichen Ethik und die Säkularisierung der (politischen) Welt. Gerhard Ritters Handschrift ist deutlich zu erkennen, wenn die Verfasser im ersten Teil der Denkschrift „Das politische Chaos unserer Zeit und seine Ursachen" den Versuch unternehmen, diesen Befund ideen- und politikgeschichtlich zu konkretisieren. Sie zeichnen eine schonungslose Zeitanalyse: Vom „Versailler Friedensdiktat" nimmt sie ihren Ausgang. Es wird als Symbol für den Verlust eines gemeinsamen abendländischen Bewusstseins gedeutet, von ihm sei letztlich eine „fortgesetzte Vergiftung der internationalen Atmosphäre durch nationalen Haß" ausgegangen. (39) Aber selbstredend sei Versailles nur Endpunkt einer Entwicklung, die mit dem Niedergang der christlichen Staatsidee einherging: Mit der Entstehung des Nationalstaates habe sich die Verantwortung der Regierenden vor Gott zu einer Verantwortung vor der Nation gewandelt und zu einer Selbstvergötzung der Nation geführt.

Deutschland habe in dieser Entwicklung einen eigenen Weg eingeschlagen: Die Tatsache, dass „unser Reich durch Vertragsschluss monarchischer Obrigkeiten, nicht eigentlich als Ergebnis einer Volksbewegung, zustande kam und dass der Mitwirkung parlamentarischer Instanzen nur ein verhältnismäßig bescheidener Raum zugewiesen blieb", hätte zwar dazu geführt, dass sich in Deutschland „der Sinn für die Notwendigkeit einer starken Autorität und staatlichen Ordnung länger als in parlamentarisch regierten Staatswesen" (40) gehalten habe; die Kehrseite dieser Tatsache sei jedoch eine problematische Entwicklung des politischen Denkens gewesen: „ein oft allzu blindes, bis heute nachwirkendes Vertrauen auf die staatliche Obrigkeit, das Gute ‚von oben' erwartet, das sich der eigenen Mitverantwortung enthoben glaubt und jede Witterung verliert für die Dämonie der Macht." (45) So sei die „Gewöhnung gerade der gebildeten „nationalgesinnten Deutschen" zu beklagen, „ohne weiteres anzuerkennen, was der Staat tut und was er gebietet". Von solchem „Rechtspositivismus" sei es nicht mehr „allzu weit zu einer Verwechslung von bloßer Gewalt und Recht." (45) Zwar räumen die Verfasser ein, dass die nationalsozialistische Bewegung teils von „echtem sittlichen Idealismus" getragen wurde; die versuchte von einer „lähmenden Resignation des nationalen Selbstbewußtseins" zu einer „echten Volksgemeinschaft" aufzusteigen. Aber letztlich liege auch ihr wie dem russischen Bolschewismus „die Vergötzung der Staatsgewalt" zugrunde. (53)

Auf die Entrechtung und Verfolgung der Juden in Deutschland geht dieses historiografische Kapitel der Denkschrift nicht eigens ein. Man kann sie jedoch als Subtext mitlesen. Die Behandlung der Juden wird gedanklich subsumiert als ein Phänomen des „Chaos unserer Zeit". Das konnte nur möglich werden, weil sich der „irdische Staat [...] bewußt an die Stelle Gottes" (52) gesetzt habe, die Ideologien zu „dämonischen Mächten" wurden und die Menschen „irdische Größen" (45) anbeteten. So impliziert das Plädoyer, mit dem der erste Teil des Memorandums abgeschlossen wird, auch eine Opposition gegen die Behandlung der Juden: „Je furchtbarer, je unentrinnbarer aber die Mächte des Bösen sich zu erheben scheinen, um so lauter ist die Christenheit aufgerufen, anzutreten zu entschlossenem Widerstand mit Einsatz aller ihrer geistigen Kräfte." (45)

Im zweiten Teil der Denkschrift arbeiten die Verfasser, „Grundzüge einer politischen Gemeinschaftsordnung nach christlichem Verständnis" heraus. Wie schwierig das ist, thematisieren sie in ihren Überlegungen zum Naturrecht und zum geschichtlichen Recht selbst. Beides, „natürliche und geschichtliche Ordnung sind nach alledem nützliche, ja unentbehrliche Wegweiser auf der Suche nach einer vernünftigen Gemeinschaftsordnung". (60) Bindende Gewissensnormen könnten sie für den Christen jedoch nicht sein, da sie „Offenbarung des göttlichen Gnadenwillens am Kreuz" in seiner Paradoxie geradezu die Aufhebung des Naturgesetzes ausdrücke: „Die Offenbarung in Christus ist gerade die Aufhebung, nicht die Bestätigung der natürlichen, d.h. menschlich-vernünftigen Begriffe von Gerechtigkeit." (60) Überdies seien Naturrecht und geschichtliches Recht immer wieder missbraucht worden. Das zeige etwa die Geschichte der englischen und französischen Revolutionen, aber auch ohne dass sie explizit Erwähnung fände, die Ideologie des Nationalsozialismus: „Als der modernste Schandfleck der Bosheit erscheint das Schlagwort von den natürlichen und gottgewollten Lebensansprüchen, Lebensnotwendigkeiten, Raumbedürfnissen, Herrschaftsansprüchen oder Rassen-Ansprüche, die um so unversöhnlicher auftreten, je fanatischer sich jedes Volk (oder jede Rasse) einen eigenen göttlichen Auftrag zuschreibt." (59) Damit distanzieren sich die *Freiburger* implizit auch von einem grundlegenden Paradigma des Rassismus: dass es höher- und minderwertige Rassen gibt.

Den Verfassern ist der politisch-religiöse Charakter des Nationalsozialismus völlig klar. In ihm werde die Konsequenz einer „Säkularisierung des theologischen Denkens deutlich, das sich anmaßt, die geheimen Absichten des göttlichen Regiments in Natur und Geschichte zu kennen" und letztlich zu einer „Vergötzung, d.h. zum Absolutsetzen des kreatürlichen Wesens" führt. (59) Da ist sie wieder, die Ablehnung eines von der christlichen Ethik abgelösten Gemeinschaftsverständnisses, das den Menschen in die Mitte der Wirklichkeit rückt und selbst als die Mitte will im Sinne des Heideggerschen „Wir wollen uns selbst." Kann es verwundern, dass dem Menschen, der die Verantwortung vor Gott nicht kennt, auch die Ehrfurcht vor dem Mitmenschen fehlt? Zwar sei das Wort Gottes keine Anleitung zum Aufbau weltlicher Gemeinschaften, heißt es ganz im lutherischen Sinne der Zwei-Reiche-Lehre, aber es beinhalte sittliche Bestimmungen und schärfe das Gewissen. Im Mittelpunkt einer christlichen Ethik stehe die Idee des rechten Handelns in der Verantwortung vor Gott. Gerade die (Selbst-)Verantwortung vor Gott charakterisiere den Menschen als freie Persönlichkeit – sie sei die Grundlage einer echten sittlichen Gemeinschaft, in der sich wiederum echte Personalität bewähren könne:

> „Denn nur in der Gemeinschaft wird und bewährt sich echte Personalität: und umgekehrt: nur wo echte Personalität sich findet, bildet sich auch echte sittliche Gemeinschaft. Wo sich das Individuum der Gemeinschaft entzieht, verkümmert oder entartet es, zu bloß zufälliger, zusammenhangs- und damit verantwortungsloser

(in extremen Fällen sogar gemeingefährlicher) Subjektivität und umgekehrt: wo die Gemeinschaft selbstständig-freier, ihrer Selbstverantwortung vor Gott bewusster Persönlichkeiten entbehrt oder diese durch Zwangsmaßnahmen erdrückt und zerbricht, entartet sie zur bloßen Masse, zur geistlosen Herde ohne schöpferisches Leben." (62)

Es ist diese Einsicht, die die Verfasser, die auch hier wieder ganz national-kommunitär „tickten", zu dem „zentrale[n] Problem der politischen Gemeinschaft [...] das Verhältnis von Individuum und Gemeinschaft" (64) führt. Die Verfasser betonen selbst, dass sie hier so etwas wie einen „Mittelweg" einzuschlagen hoffen: zwischen dem liberalen Staat, der die „politische Organisation der Massen" weitgehend den Parteien überlasse, und dem „autoritären oder totalitären Staat", der sie selbst in die Hand nimmt, „aber so, daß er die Massen geistig völlig uniformiert und mit allen Mitteln terrorisiert, um sie desto leichter kommandieren und zum ‚Marschieren' bringen zu können." (86) Das politische Gemeinschaftsverständnis der *Freiburger* setzt dagegen auf die Fähigkeit der einzelnen Person zu selbstverantwortlichem Denken und Handeln. Es gelte, „echte Gemeinschaft zu bauen durch planmäßige Mobilisierung aller Kräfte, die geeignet sind, die uniforme Masse aufzugliedern zu engeren Gemeinschaften, diese aber dem Staatsganzen wiederum straff einzuordnen." (86)

Oberstes Ziel müsse stets die Verwirklichung der Gerechtigkeit sein, jedem solle „soviel wie ihm innerhalb einer vernünftig geordneten Gemeinschaft nach dem Maß seiner Leistung gebührt" (86) zukommen. Die Abgrenzung dieser Ansprüche gegenüber dem Einzelnen bzw. gegenüber dem Staat sei der Ausgangspunkt für bürgerliches bzw. öffentliches Recht, die jeweiligen Ordnungen politisch zu gestalten, Aufgabe der staatlichen Macht. In ihr liege jedoch ein dämonisches Potential: Der Staat

„bedarf der Macht und des Kampfes um die Macht, um seine Autorität nach innen und außen duchzusetzen, er bedarf der [...] fortdauernden Drohung mit Gewalt, um sie zu behaupten. Aber jeder Kampf erzeugt [...] Feindschaft und Haß [...]; entfesselt die bestialischen Instinkte im Menschen [...] Mit anderen Worten: es gibt keinen Dämon, der dringender der Zähmung und Fesselung bedürfte, als den Dämon der Macht." (65)

Es sei ein Irrtum zu glauben, dass das der Macht inhärente Dilemma durch konkrete Rechtsvorschriften gelöst werden könne – eine Einsicht, die für eine christliche Ethik aus lutherischem Verständnis in der Art einer Gesinnungsethik ohnehin fundierend ist. Den Christen bleibe jedoch die „Aufgabe der Besinnung auf das, was das christliche Gewissen den Völkern und Machthabern zu sagen hat". (68) Konkret hieße das im Hinblick auf die Innenpolitik, dass in erster Linie „innerhalb der politischen Volksgemeinschaft" Raum bleiben müsse für die „charakter- und gemeinschaftsbildende Tätigkeit der christlichen Kirchen", so argumentieren die *Freiburger* das sogenannte Böckenförde-Paradox vorwegnehmend.[171] Sie schaffen nämlich letztlich die Werte, von denen eine politische Gemeinschaft lebt und die sie nicht selbst schaffen kann. Denn „die Erwartung, daß eine liberale Ordnung von selbst die erforderlichen sittlichen Grundlagen schaffen werde, hatte sich als irrig erwiesen." (134) Der Niedergang der Weimarer Republik warf lange Schatten.

Mit Verweis auf Römer 13 formulieren die Autoren nun etwas Radikales: Die Kirche habe ihrerseits „einem Staate gegenüber, der seinen göttlichen Auftrag als Hüter des Rechts und sittlicher Gemeinschaftsordnung erfüllt, die Pflicht, die Staatsbürger zum

171 Böckenfördes Wort bezieht sich freilich auf den säkularen demokratischen Rechtsstaat, der von Voraussetzungen lebe, die er selbst nicht schaffen könne.

Gehorsam gegen die Obrigkeit und zum Einsatz aller ihrer Kräfte, ja nötigenfalls des Lebens für den Dienst an der Gemeinschaft zu ermahnen." (82)

Die Verfasser diskutieren die „praktischen Forderungen" dieser Prämissen, ohne freilich ins Detail zu gehen. Danach sei die vordringliche innenpolitische Aufgabe die „Entmassung der Massen durch wirtschaftlich-soziale und politische Aufgliederung sowie durch jede Art von personbildender Volkserziehung". (74) Es gelte also, einen personalistisch geprägten Gemeinschaftsbegriff zu retten vor der Einvernahme totalitärer Ideologien. Diese verdanke „einem wirklichen Bedürfnis nach neuen Formen der Organisation uniformer Massen [ihren] großen äußeren Erfolg", die „eigentlichen Aufgaben politischer Gemeinschaftsbildung" jedoch hätten sie verfehlt. Denn die „sittliche Aufgabe der Staatsgewalt" sei es, „politische Ordnung als echte, d.h. Rechtsordnung, nicht als Willkürherrschaft, politische Gemeinschaft als echte, d.h. als Gemeinschaft von Personen, nicht als ‚Kollektiv' zu begründen." (74/75)

Dementsprechend müssten im Rahmen einer „Allgemeinen Staats- und Rechtsordnung" insbesondere zwei Grundbedingungen erfüllt sein: „die staatliche Autorität muß echte Autorität sein, d.h. sie muß auf Vertrauen ruhen" und die „politische Gemeinschaft muß zustande kommen in freier, freudiger, nicht bloß erzwungener Gemeinschaftsarbeit der Staatsbürger". (76) Auf diesem Fundament und vor dem Hintergrund der Erfahrungen mit der nationalsozialistischen Herrschaft formulierten die Verfasser weitere Bedingungen, die der Staats- und Rechtsordnung zugrunde gelegt sein sollten:

1. Öffentliche Kontrolle der staatlichen Gewalt durch Verfassungsorgane;
2. Begrenzung des staatlichen Eingriffs in die öffentliche Meinungsäußerung;

3. „Achtung des Personcharakters des Menschen" (78) durch Gewissensfreiheit, Abschaffung der Bespitzelung, Verbot lügenhafter Propaganda, Aufgabe polizeilicher und richterlicher Willkür und – soweit möglich – Wiedergutmachung aller Schäden der „nationalsozialistischen Gewaltherrschaft" (79);
4. Bindung der konkreten Rechtsordnung an die Idee der Gerechtigkeit und an eine allgemein anerkannte und gesicherte Gültigkeit;
5. Ablehnung „totalitären Staatsdenkens" (80) sowie
6. Integrität der politischen Führung, wobei jede Vermischung von öffentlich-rechtlicher Gewalt und Parteiwesen schädlich ist.

Von diesen Grundsätzen einer „Allgemeinen Staats- und Rechtsordnung" leiten sich die Lösungen für spezifische Probleme ab. Kirchenpolitisch fordern die Verfasser die unbedingte Freiheit des religiösen Gewissens, Freiheit der kirchlichen Verkündigung und „Freiheit, ja Förderung der christlichen Erziehungstätigkeit am Volk als einzige Möglichkeit wirklicher sittlicher Volkserziehung." (81) Die „Heranbildung der Jugend" muss mit der geforderten „Entmassung" des Volkes im Einklang stehen und den „Kampf mit dem Geist des selbstsüchtigen Hedonismus und Materialismus" (89) aufnehmen. Primär sei sie Aufgabe der Familien und Schulen und eben nicht – wie im Nationalsozialismus – parteigebundener Jugendorganisationen. Gerade in der „Erziehung zur vaterländischen Gesinnung" sei „jene Übertreibung zu vermeiden, die den Staat als sittlichen Höchstwert schlechthin darstellt". Vielmehr solle die Jugend lernen, „nicht nur in der soldatischen Pflichterfüllung, sondern ganz ebenso im Einsatz all ihres Könnens für die Steigerung nationaler Kulturleistungen einen Dienst an der Gemeinschaft zu erblicken." (84)

Grundgedanken der staatlichen Sozialpolitik müssen die „Aufgliederung des Sozialkörpers in engere Gemeinschaften" und die „Herstellung einer echten, alle Stände und Klassen umfassenden Volksgemeinschaft" (86) sein. Ersteres müsse subsidiär, primär über den Aufbau von Selbstverwaltungsorganen geschehen. Schließlich reiche ihr Wirkungsbereich über die Grenzen der verschiedenen Berufsstände und Klassen hinweg, und deshalb könne „nur aus ihnen, nicht aber aus den Berufs- und Klassenvertretungen (zwischen denen es immer scharfe Interessengegensätze geben wird) jene „Notabelnschicht" hervorgehen, auf die sich einmal politisch aufbauen läßt." (88) Eine „wahre Volksgemeinschaft" könne nur da entstehen, „wo der Angehörige jedes Berufstandes sich als politisch und sozial vollwertigen Volksgenossen empfinden kann – aber jeder in seinem Stande, an der Stelle, die ihm nach seiner besonderen Leistung für das Ganze zukommt." (90) Hier hätten die „totalitären Staaten" in der Tat etwas geleistet, indem sie sich bemühten, „bürgerlich-adeligen Klassenhochmut zu brechen [...], alte Ressentiments des Arbeiterstandes auszuräumen, dem Arbeiter ein neues Bewußtsein von der Würde seines Standes zu geben und damit altererbte Spannungen zu vermindern." (89) Der staatlichen Sozialfürsorge käme eine zentrale Rolle bei der Schaffung der Volksgemeinschaft zu, nur dürfe sie nicht so weit ausgebaut werden, dass der „Verantwortungsfreudigkeit der Wirtschaftenden" Abbruch getan wird. Dass aber Menschen, die sich nicht aktiv am Wirtschaftsleben beteiligen können, Teil der Gemeinschaft bleiben, gehöre zu den Grundsätzen der christlichen Nächstenliebe. Mit Verweis auf die Euthanasieprogramme der Nationalsozialisten heißt es: „Daß die Tötung der sog. ‚Lebensuntüchtigen' unter allen Umständen ein schweres Verbrechen gegen das 5. Gebot ist, bedarf keiner langen Erörterung." (90)

Die Anlage 5: „Vorschläge für eine Lösung der Judenfrage in Deutschland"

Der letzte Anhang der Denkschrift versucht einleitend der Problematik durch eine „Kirchliche Grundlegung" näherzukommen. Dabei verweisen die Verfasser zunächst auf die Unterscheide zwischen den Menschen, die auch „durch die Gemeinschaft des Glaubens und der Liebe, wie sie den Christen geschenkt wird, [...] keineswegs aufgehoben" werden, „und darum auch die Folgen nicht, die sich aus diesen Unterscheiden ergeben." (146) So müssten beispielsweise zwischen Vorgesetzten und Untergebenen „gewisse Schranken" bleiben, „auch wenn sie beide Christen sind." Die *Freiburger* folgern daraus und apostrophieren damit das Judentum als rassische Größe: „So ist es auch mit der Gemeinschaft des Glaubens nicht unvereinbar, wenn zwischen Angehörigen verschiedener Rassen im täglichen Leben Schranken bleiben, wie das auch tatsächlich in allen christlichen Kirchen der Welt der Fall ist." (146) Doch, darauf weisen die Verfasser ausdrücklich hin, seien „diese Unterschiede das Untergeordnete, die Gemeinschaft in Christus das Übergeordnete." (146)

Trotz dieser Prioritätensetzung müsse jedoch, „um der Liebe zum eigenen Volk willen", der Christ „die Augen offen halten, ob enge Berührung oder gar Vermischung mit anderen Rassen sich nicht schädlich auswirken kann für Leib und Seele." (147) Da jedoch „die Rassen und Völker mit ihren verschiedenen Anlagen von Gott geschaffen sind und [...] sie allesamt, auch die eigene Rasse und das eigene Volk, vor Gott in gleicher Weise dastehen", gebe es keinen Grund, sich über eine andere Rasse oder über ein anderes Volk zu erheben. Und noch viel weniger gestatte Gott irgendeinem Volk, „ein anderes zu verfolgen, zu unterdrücken oder gar zu vernichten. Denn Gott allein ist Richter über die Völker." (147) Wenn jedoch der Staat unter Umständen Maßnahmen ergreifen muss,

„um den unheilvollen Einfluß einer Rasse auf die Volksgemeinschaft zu wehren", müsse der Pflicht zur Gerechtigkeit und zur sittlichen Mitverantwortung Rechnung getragen werden, die der Staat gegenüber allen habe, über die er seine Macht ausübe. (147)

Als Glaubensgemeinschaft definieren die Verfasser das Judentum, „dessen entscheidende Schuld" es nach ihrer Auffassung sei, dass es „der Offenbarung Gottes in Jesus Christus bis zum heutigen Tage widerstrebt" (147), wenn sie mit Verweis auf den Missionsbefehl die generelle Offenheit der Christenheit gegenüber einer Konversion von Juden zum Christentum betonen: „Wo aber Glaube ist, da darf die Taufe gewährt werden in der Zuversicht, dass Gottes heiliger Geist neue Menschen machen und dazu helfen kann, gefahrvolle Anlagen und Charaktereigenschaften zu überwinden." (147)

In einem zweiten Abschnitt untersuchen die Verfasser die „geschichtliche Entwicklung". (147) Sie zeichnen die weit zurück reichende Geschichte der Judenfeindschaft in Deutschland nach und verweisen auf die ungleichmäßige Verteilung von Juden in bestimmten Berufen als Konsequenz der jahrhundertelangen Zugangsbeschränkungen und erzwungenen wie selbst gewählten Absonderung. Hier liegt ihrer Meinung nach eine Wurzel des Antisemitismus: „Der starke Einfluß, den Juden auf wichtigen Lebensgebieten erlangten, gab namentlich seit den letzten Jahrzehnten des 19. Jahrhunderts die Grundlage für das Aufkommen antisemitischer Strömungen: Sie waren z. T. noch von den Gedanken getragen, die Luther beherrscht hatten, so insbesondere bei Stöcker. Immer stärker trat aber im Zuge eines die christlichen Bindungen abstreifenden Nationalismus eine feindselige Stimmung gegen die Juden als Menschen einer bestimmten, als fremdartig empfundenen Abstammung hervor." (148) In Deutschland sei „solch antisemitisches Empfinden" nach 1918 noch dadurch gesteigert worden, dass jetzt die ehemaligen linken und liberalen Oppositionsparteien, in denen Juden besonders stark eingebunden gewesen seien, die Macht errungen hätten und zahlreiche Juden in einflussreiche Ämter kommen ließ: „So erschienen die Juden schlechthin als die Nutznießer des nationalen Unglücks." (148) Hinzu kam: Die Juden konnten aufgrund der revolutionären Veränderungen in Russland mit dem Bolschewismus identifiziert werden: „Die zur Herrschaft gelangte kommunistische Partei brachte besonders viele Juden in leitende Stellungen [...]. Sie wurden nicht nur als Nutznießer, sondern sogar als die Treiber des Bolschewismus und aller seiner Schrecken angesehen." (148)

Der Nationalsozialismus habe es nun verstanden, „nicht zuletzt vermittels der Ausnutzung und weiteren Entfachung antisemitischer Gefühle" (148), massenhaften Anhang zu finden. Mit der Machtübernahme habe ein Prozess der Entrechtung und Verfolgung der Juden – „ohne Rücksicht auf ihr Bekenntnis" –, begonnen: „Weithin sichtbar wurde solches antisemitische, auch durch die nationalsozialistischen Gesetze nicht gedeckte Bemühen im November 1938, als jüdische Geschäfte verwüstet, Juden mißhandelt und die Synagogen verbrannt wurden." (149) Während des Krieges hätten die Verfolgen dann ein Ausmaß angenommen, das „kaum vorstellbar" ist: „Hunderttausende von Menschen sind lediglich wegen ihrer jüdischen Abstammung systematisch umgebracht worden." (149)

Um zu einer ansatzweisen Lösung der „Judenfrage", die nach Auffassung der *Freiburger* existiert, zu kommen, beschäftigen sich die Verfasser abschließend mit den Möglichkeiten einer zukünftigen Regelung. Grundsätzlich müsse erstens „soweit irgend menschenmöglich, alles geschehene Unrecht gesühnt und wieder gutgemacht werden." (149) Das deutsche Volk sei es sich selbst und seiner Verantwortung vor Gott schuldig, „diejenigen zur Rechenschaft zu ziehen, die seinen Namen mit Blut und

Dreck besudelt haben. Ohne Wiederherstellung von Recht und Gerechtigkeit kann es auch weder im inneren zu einer gedeihlichen Ordnung noch zu einem ersprießlichen Zusammenleben mit anderen Völkern gelangen." (149) Die Wiedergutmachung unterliege jedoch bestimmten Grenzen. Sicherlich müssten da, wo Juden konkrete Güter abgenommen worden seien, diese soweit möglich den Betroffenen zurückgegeben werden. Bei denkbaren Geldentschädigungen gelte es jedoch Vorsicht walten zu lassen: Sie

> „können nicht so hoch ausfallen, daß die Betroffenen in dieselbe wirtschaftliche Lage gesetzt werden, welche sie vor den erlittenen Schädigungen genossen. Haben doch alle Teile des deutschen Volkes infolge der nationalsozialistischen Politik, des Krieges und seiner Folgen bedeutende Einbußen an ihrer früheren Lebenshaltung erlitten. Die geschädigten Juden können nicht von der allgemeinen Verarmung ausgenommen werden, welche der Krieg uns auferlegt hat. Nicht aus Knauserei oder Schäbigkeit sollen ihre Entschädigungsansprüche gekürzt werden, vielmehr ist es um ihrer selbst willen, um ihr künftiges Zusammenleben mit uns nicht von vornherein zu gefährden und zu vergiften, geboten, ihnen keine wirtschaftlichen Sondervorteile zuzubilligen, sie nicht von den allgemeinen Lebensbedingungen unseres Volkes auszunehmen." (150)

Als zweiten zentralen Punkt halten die Verfasser fest, dass „für die Juden angemessene und gerechte Lebensbedingungen gesichert werden" (149) müssen. Abgesehen von der selbstverständlichen Abkehr von den „Auffassungen der Nürnberger Gesetze" und dem Rückkehrrecht für aus Deutschland vertriebene Juden, bleibe die Lösung der „Judenfrage" jedoch problematisch: „Die Existenz einer zahlenmäßig erheblichen Judenschaft innerhalb eines Volkes stellt nun einmal ein Problem dar, das immer wieder zu Schwierigkeiten führen muß, wenn es nicht einer grundsätzlichen und großzügigen Regelung zugeführt wird." (150) Zwar haben die Juden einerseits das Recht auf Entfaltung und Betätigung, aber andererseits müsse „jeder Staat das Recht haben [...], seine Grenzen gegen die jüdische Rückwanderung zu schließen, wenn er das um des Gesamtvolkes willen für nötig hält." (150) Für die „deutschen Verhältnisse" führen die Verfasser drei Möglichkeiten einer Lösung der „Judenfrage" auf: 1. Verzicht auf Sonderregelungen für wiederkehrende Juden, „weil die Zahl der überlebenden und nach Deutschland zurückkehrenden Juden nicht so groß sein wird, daß sie noch als Gefahr für das deutsche Volkstum angesehen werden können." (150) Dabei sei darauf zu achten, dass die Wiedereinführung der ausgewanderten Juden in ihre alten Berufe „mit dem nötigen Takt" erfolge, „damit nicht abermals antisemitische Gefühle wachgerufen werden" (151); 2. Schaffung einer internationalen Konvention „über die Rechte und Pflichten der Juden" (151); 3. Ausarbeitung eines detaillierten Judenstatutes, das „etwa folgenden Inhalt haben könnte:

1. Die Juden haben in allen Staaten, in denen sie beheimatet sind, die Stellung von Ausländern: Sie dürfen nicht schlechter gestellt sein, wie andere Ausländer auch: jedenfalls haben sie Anspruch auf wirtschaftliche Betätigung und Bildungsgelegenheit. [...]

2. Die Vertretung der gesamten Judenschaft bildet ein oberster Rat, der seinen Sitz möglichst in einem neutralen Lande hat, und der sich in jedem andern Lande durch Geschäftsträger vertreten lassen kann.

3. Als Juden gelten alle, die zum jüdischen Bekenntnis gehören, sowie diejenigen, die diesem Bekenntnis früher angehört haben, aber nicht einer andern Religionsgemeinschaft

beigetreten sind. Treten Juden zum Christentum über, so bleiben sie Mitglieder der Judenschaft, solange sie nicht von dem Staat ihrer Heimat eingebürgert worden sind.

4. Einzubürgern sind Juden, die das beantragen und triftige Gründe dafür vorbringen, insbesondere dann, wenn sie auf eine entsprechende Überlieferung ihrer Familie und auf besondere Leistungen für das Volk ihres Aufenthaltsstaates verweisen können. Die Entscheidung erfolgt von Fall zu Fall. Eingebürgerte Juden dürfen keiner Sonderregelung unterworfen werden." (151)

Antisemiten gegen Erlösungsantisemitismus

Halten wir fest: Die Denkschrift mit ihrer Anlage 5 wendet sich unmissverständlich und mit größter Entschiedenheit gegen die nationalsozialistische Entrechtung und Verfolgung der Juden und gegen den diese Taten begründenden Antisemitismus, den Saul Friedländer „Erlösungsantisemitismus"[172] genannt hat. Da wird eine Abkehr von den Auffassungen der Nürnberger Gesetze ebenso gefordert wie eine „Wiederherstellung von Recht und Gerechtigkeit", das Rückkehrrecht aller seit 1933 aus der Heimat Vertriebenen und ein Ende der Demütigungen, Quälereien und Morde. Gleichzeitig spricht der Anhang sich aus für eine Wiedergutmachung alles an den Juden geschehenen Unrechts, „soweit irgend menschenmöglich", und eine Sicherung „angemessener und gerechter Lebensbedingungen" für die Juden.

Keine Frage: Es ist notwendig die bedingungslose Verurteilung der nationalsozialistischen Judenpolitik durch die *Freiburger* herauszustreichen. Denn die „Vorschläge für eine Lösung der

172 Friedländer 1998, S. 87ff.

Judenfrage in Deutschland" sind ja immer wieder als Beleg für die These herangezogen worden, es hätte inhaltliche Übereinstimmungen zwischen der nationalsozialistischen Judenverfolgung und den judenpolitischen Vorstellungen von Teilen des Widerstands gegeben.[173] Der Historiker Frank Stern hatte zu Recht die Frage gestellt: „Welche Haltung wurde und wird im Hinblick auf das historische Ereignis eingenommen, für dessen Schuld und geschichtliche Verantwortung das Synonym Auschwitz steht?" Für die *Freiburger* kann eindeutig geantwortet werden: Sie haben die „Schandtaten" der nationalsozialistischen Judenpolitik verurteilt. Und die Judenverfolgung war die eigentliche Motivation für die Entscheidung sich gegen das Regime zu wenden – als Gruppe nach dem Pogrom vom 9./10. November 1938, meist jedoch auch, wie gezeigt, als Einzelne bereits in den ersten Jahren des „Dritten Reiches".

Hinzu kam: Die *Freiburger* haben die Abschiebung der Badischen Juden in den unbesetzten Teil Frankreichs, meist direkt in das Internierungslager Gurs, am 22. und 23. Oktober 1940 genau registriert. Wenigstens in groben Umrissen wussten sie um die Massenmorde an den Juden im Osten, ja wahrscheinlich auch von den Ende 1941 angelaufenen Massenvernichtungen in den Konzentrationslagern: „Hunderttausende von Menschen sind lediglich wegen ihrer jüdischen Abstammung systematisch umgebracht worden", heißt es in der Denkschrift.[174]

Dietrich Bonhoeffer hatte die Massendeportationen in Berlin sehr genau beobachtet und gemeinsam mit Justus Perels zwei Berichte darüber verfasst. Darüber hinaus war er durch seine Beschäftigung in der Abwehr und über seinen Schwager Hans von

173 Vgl. Dipper 1983; Frank Stern, Wolfsschanze versus Auschwitz. Widerstand als deutsches Alibi?, in: ZfG 42 (1994) 7, S. 645–650.
174 Denkschrift, S. 149.

Dohnanyi gut unterrichtet. Er war jedenfalls über das Faktum der massenweisen Tötung von Juden informiert.[175] Dasselbe gilt für Carl Goerdeler. Er verfügte über zahlreiche und enge Verbindungen zur Wehrmacht im Osten. Bereits vor dem Beginn der Massenvernichtungen, im Juli 1939, war er über die Vorgänge in den Konzentrationslagern gut informiert. Es war ein Schock für ihn.[176] Später, im März 1943 in einer für die Generalität bestimmten Denkschrift, prangerte er an, „dass in den besetzten Gebieten und den Juden gegenüber Methoden der Menschenbeseitigung und der Glaubensverfolgung angewendet sind, die niemand vor der Öffentlichkeit gutheißen kann, die niemand öffentlich verantworten wird und die dauernd als schwere Belastung auf unserer Geschichte ruhen werden. Man kann sie ebenso wenig wegwischen wie die Blutspuren auf dem Schlüssel zu Blaubarts Kammer."[177]

---

175 Die beiden Berichte sind abgedruckt in: Dietrich Bonhoeffer, Konspiration und Haft 1940–1945, hrsg. von Jorgen Glenthoj, Ulrich Kabitz und Wolf Krötke, Güthersloh (=Dietrich Bonhoeffer Werke Bd. XVI) 1996, S. 212–217. Vgl. dazu Eberhard Bethge, Dietrich Bonhoeffer und die Juden, in: Ernst Feil/Ilse Tödt (Hrsg.), Konsequenzen. Dietrich Bonhoeffers Kirchenverständnis heute, München 1980, S. 171–214, S. 203ff.

176 „Wahrheit ist, dass in den Konzentrationslagern Zehntausende durch Monate und Jahre hindurch unmenschlich gequält und in grauenhafter Weise schikaniert werden, dass sich unter dem Mantel voelliger Legitimitaet dir brutalste Bestialitaet Orgien feiert, die jeder Phantasie spotten." In: Carl Goerdeler, Zur Lage. Ende Juli 1939, in: BAK, NL Goerdeler, N 1113, Nr. 16, Bl. 21.

177 Carl Goerdeler, Geheime Denkschrift, für die Generalität bestimmt, über die Notwendigkeit eines Staatsstreiches, 26. März 1943, in: Gerhard Ritter, Carl Goerdeler und die deutsche Widerstandsbewegung, Stuttgart 1954, Anhang VII, S. 577–595, S. 587f. Ähnlich in einem Brief Carl Goerdelers an General Olbricht (Berlin), Leipzig, den 17.5.1943, in: BAK, NL Goerdeler, N 1113, Nr. 9. Das Verhalten der Deutschen in den besetzten

Auch Otto Dibelius, der im Spätsommer 1942 von Kurt Gerstein über die Ermordung hunderter deportierter Juden in den Gaskammern der Vernichtungslager in Belzec und Treblinka in Kenntnis gesetzt worden ist, wird zumindest eine ungefähre Vorstellung von den Vorgängen im Osten gehabt haben.[178] Soweit sie es nicht aus anderen Quellen bereitswussten, werden die *Freiburger* von diesen Vertrauten über die Massenmorde an den Juden informiert worden sein.

Überraschend ist die andere Seite des Textes. Der Text zeigt deutlich, dass ein unbedingtes Eintreten gegen die nationalsozialistische Judenpolitik nicht gleichbedeutend sein musste mit einer vorurteilsfreien Haltung gegenüber Juden und Judentum. Die in der Denkschrift zum Ausdruck kommenden Vorbehalte und Ressentiments lassen sich letztlich auf einen Nenner bringen: Juden gehören nicht uneingeschränkt zur christlich fundierten und auf die deutsche Nation bezogenen Gemeinschaft. Sie sollten in Zukunft nur in limitierter Menge zugelassen werden. Ohnehin war ja nur mit wenigen Juden zu rechnen, die nach allem, was passiert ist, nach Deutschland zurückkehren werden.

Die Denkmuster der *Freiburger* sind immer wieder pauschal mit dem Begriff „Antisemitismus" beschrieben worden.[179] Doch

---

Gebieten sei „ungeheuerlich" und habe „mit Ritterlichkeit, Menschlichkeit, ja mit den primitivsten Anstandsbegriffen wilder Völker nichts zu tun".

178 Bernd Hey/Matthias Rickling/Kerstin Stockhecke, Kurt Gerstein (1905–1945). Widerstand in SS-Uniform, Bielefeld 2000, S. 57; Tödt 1997, 356f.

179 Vgl. Eberhard Bethge schreibt: „Hier liegt das bisher krasseste Beispiel vor, daß und wie für treue Barmer Bekenner in den Thesen nicht die kleinste Barriere erkennbar und wirksam geworden war wider Antisemitismus und antijüdische Theologie", in: Barmen und die Juden – eine nicht geschriebene These?, in: Hans-Ulrich Stephan im Auftrag der Evangelischen Kirche im Rheinland (Hrsg.), Das eine Wort für alle. Barmen

abgesehen davon, dass der Antisemitismusbegriff ein unpräziser, schillernder Terminus ist, ist doch zu fragen, um welche Form des Antisemitismus es sich handelt – wenn es sich denn überhaupt um Antisemitismus handelt. Denn die Subsumierung ganz unterschiedlicher Traditionen und Positionen unter einen weiten Antisemitismusbegriff ist nicht geeignet, notwendige Unterscheidungen in den Blick zu bekommen. Verzichtet man jedoch auf eine Ausdifferenzierung, sind einlinige Ableitungen – bis hin zur Behauptung einer durchgängigen Kontinuität und zunehmenden Steigerung des Antisemitismus in Deutschland à la Daniel Goldhagen – die Folge. Brechungen dieser Tradition, bis hin zu seiner partiellen Überwindung in bestimmten historischen Ausprägungen, können dann kaum mehr wahrgenommen werden.

Insbesondere in kirchengeschichtlichen Studien finden sich immer wieder moralisierende Betrachtungen zur Ursache des Holocaust, die geprägt sind von jenem christlichen Totalanspruch, der, wie Martin Greschat es einmal zugespitzt formuliert hat, „alle die entsetzlichen Folgen jenes Antisemitismus als eigene Schuld auf sich nehmen möchte."[180] In der Tat wirkt der „Zivilisationsbruch" Auschwitz so stark, dass die Geschichte des Antijudaismus und des Antisemitismus – verständlicherweise – allzu oft in teleologischer Weise auf die nationalsozialistische Judenvernichtung zulaufend gedeutet wird. Aber, so hat der Litera-

1934-1984. Eine Dokumentation, Neukirchen-Vluyn 1986, S. 114–133, S. 122. Hans Mommsen spricht von einer „ausgeprägt völkische(n) Variante des Antisemitismus", in: Hans Mommsen, Alternative zu Hitler, Studien zur Geschichte des deutschen Widerstands, München 2000, S. 398; Vgl. exemplarisch auch Goldhagen 1996, S. 145ff.

180 Martin Greschat, Protestantischer Antisemitismus in Wilhelminischer Zeit. Das Beispiel des Hofpredigers Adolf Stoecker, in: Günter Brakelmann/Martin Rosowski (Hrsg.), Antisemitismus. Von religiöser Judenfeindschaft zur Rassenideologie, Göttingen 1989, S. 27–51, S. 28.

turwissenschaftler Gerd Mattenklott einmal hellsichtig bemerkt, der „deutsche Antisemitismus ist kein Trichter gewesen mit nur dieser einen, früher oder später zwingend katastrophischen Engführung. Er war vielgestaltig, und es gab auch genügend vielversprechende und chancenreiche Konterimpulse.“[181] Eine moralisierende Betrachtung der Geschichte drängt stets darauf, dass, wer A sage oder gesagt habe, auch B sagen müsse oder sagen werde. Tatsächlich ist diese Konsequenz jedoch nicht zwingend.

Betrachtet man sich die Denk- und Handlungsmuster der *Freiburger*, so wird man sie unmöglich mit „Judenfeindschaft“ oder „Judenhaß“ charakterisieren können. Diese ursprüngliche Bedeutung des im Umkreis des Publizisten Wilhelm Marr als Essenz der antijüdischen Bewegung des ausgehenden 19. Jahrhunderts entstandenen Begriffs „Antisemitismus“[182], greift hier nicht: Weder in ihren Schriften und erst recht nicht in ihrem mutigen und konsequenten Einstehen für Juden in den ersten Jahren des Nationalsozialismus gibt es Hinweise darauf, dass die *Freiburger* Juden als Feinde betrachtet hätten. Das stünde schon ihrer christlichen Überzeugung entgegen; schließlich waren sie der Auffassung, alle Rassen und Völker stünden vor Gott in gleicher Weise da. Und selbst die im Anhang 5 gebrauchte Formulierung von der „eigentlichen Schuld“ der Juden, der Anerkennung der Offenbarung Jesu Christi zu widerstreben, lässt zwar auf ein altes

181 Gert Mattenklott, Über Juden in Deutschland, Frankfurt/M. 1992, S. 90. In einem ähnlichen Sinne argumentieren: Shulamit Volkov, Kontinuität und Diskontinuität im deutschen Antisemitismus 1878–1945, in: VfZ, 2 (1985) 33, S. 221–243.

182 Zur Geschichte des Antisemitismusbegriffs vgl. den immer noch grundlegenden Artikel von Thomas Nipperdey/Reinhard Rürup, Antisemitismus, in: Otto Brunner/Werner Conze/Reinhard Koselleck (Hrsg.), Geschichtliche Grundbegriffe, Bd. 1, Stuttgart 1972, S. 129–153, insbes. S. 141ff.

christlich antijudaistisches Motiv schließen. Eine Feindschaft ist jedoch nicht zwangsläufig zu erkennen. Nein, der Christ habe die Pflicht, „auch alle diejenigen, die nicht zur christlichen Gemeinde gehören, als seine Nächsten zu betrachten und ihnen im Geist der Liebe zu begegnen, wo immer er mit ihnen zusammengeführt wird.“ Und eine „eliminatorische Tendenz“[183], war ihrem Denken Juden und Judentum gegenüber allenfalls in einer traditionell christlichen Weise insofern eigen, als dass sie Judenmission und Konversion von Juden zum Christentum begrüßten. Auch die eigentlich neue Qualität des modernen Begriffs „Antisemitismus“ trifft auf die Freiburger nicht zu. Die „Analyse“ komplexer, nicht sofort durchschaubarer Phänomene in der Weise, dass negative „jüdische“ Eigenschaften oder gar eine „jüdische“ Verschwörung dafür verantwortlich gemacht werden[184], bestimmt ihr Denken nicht.

In jüngerer Zeit ist im Mainstream der Forschung, Publizistik und Pädagogik die Bedeutung des Begriffs „Antisemitismus“ außerordentlich erweitert worden. Wenn man einen Menschen, weil er Jude ist, anders behandelt als andere Menschen, dann wird dieses von einer imaginären Norm abweichende Verhalten in der Literatur wie in der Alltagssprache heute mit dem Begriff „Antisemitismus“ belegt. Fritz Stern hat in Reaktion auf die pauschale, alle unterschiedlichen Akzentuierungen einebnende Antisemitismusdefinition, die Daniel J. Goldhagen seiner Analyse zugrunde gelegt hat, darauf hingewiesen, wie wichtig es ist, die breite Palette unterschiedlicher Haltungen gegenüber Juden im Deutschland des ausgehenden 19. und in der ersten Hälfte des 20. Jahrhunderts herauszuarbeiten: „das reichte von

183 Vgl. dazu Goldhagen 1996.

184 Albert S. Lindemann, Esaus's tears, Modern Anti-Semitism and the Rise of the Jews, Cambridge 1997, S. 97ff.

jenen wenigen, die Juden tatsächlich als Feind und Verderber ihrer Gesellschaft betrachteten – die als „Schädlinge" ausgerottet werden mußten –, bis zu jenen, die Juden im Grunde freundlich gesonnen waren, aber das ablehnten, was sie als jüdische „Penetranz" oder als Vorherrschaft von Juden in bestimmten Bereichen empfanden."[185] In diesem Sinne beschreibt der Antisemitismusbegriff heute nicht mehr nur die antijüdische Bewegung des späten 19. Jahrhunderts, nun meist als „moderner Antisemitismus" bezeichnet. Er ist zu einem Synonym für eine unfreundliche oder feindselige Haltung den Juden gegenüber geworden. Er wurde zur Sammelbezeichnung eines Vorurteils und „umfasst alle Aspekte einer religiösen, sozialen und kulturellen Voreingenommenheit, beinhaltet wirtschaftliche und politische Faktoren, beschreibt biologische und rassistische Ausprägungen einer pseudo-darwinistischen und völkischen Weltanschauung. Kurz: Antisemitismus steht für ein Bündel der unterschiedlichsten und teilweise gegensätzlichsten Motive, denen eines gemein ist: die Diskreditierung des Jüdischen, die oft bis zum Haß gesteigerte Ablehnung eines Menschen, von dem man weiß oder annimmt, er sei Jude."[186]

Auf dem Boden einer solchen, sehr weit gefassten Definition ist das in den „Vorschlägen" zum Ausdruck kommende Denken der *Freiburger* eindeutig als „antisemitisch" zu bezeichnen. Wir haben es hier mit einer Mischung aus religiös,

185 Stern 1999, S. 296. Dazu auch: Elisabeth Sifton/Fritz Stern, Keine gewöhnlichen Männer. Dietrich Bonhoeffer und Hans von Dohnanyi im Widerstand gegen Hitler, München 2013.

186 Günther B. Ginzel, „… und er brüstet sich frech und lästert wild …" Über Antisemiten und Antisemitismus in Deutschland. Oder: Trotz und alledem – es ist eine Lust, Jude zu sein, in: Ders. (Hrsg.), Antisemitismus. Erscheinungsformen der Judenfeindschaft gestern und heute, Köln 1991, S. 15–32.

biologistisch-rassisch, politisch und kulturell motiviertem Voreingenommenheiten und Vorbehalten zu tun. Dabei artikulierte sich ein weithin vorhandenes Unbehagen an den Phänomenen der Moderne, mit denen „die“ Juden identifiziert wurden: Säkularismus und Liberalismus, Kapitalismus und Sozialismus.

Die *Freiburger* stellten zu einem Zeitpunkt, an dem die „Endlösung“ bereits angelaufen war, die bürgerliche Gleichberechtigung der Juden, wie sie im Norddeutschen Bund 1869 und 1871 in der Reichsverfassung verankert und in der Weimarer Republik fortgeführt worden war, in Frage. Sie begriffen Juden als Fremdkörper in der Gemeinschaft der Deutschen, die in allzu großer Zahl sogar eine „Gefahr“ für sie darstellen konnten.

So finden sich in ihrer Denkschrift zahlreiche derjenigen judäophoben Stereotype und Ressentiments, die das im nationalen Lager spätestens seit dem Ende des Ersten Weltkrieges so weit verbreitete Gebräu aus christlichen, politischen, kulturellen und biologistischen Affekten und Motiven gegen die Juden speisten. Das Spektrum der im Christentum wurzelnden Antijudaismen wird relativ weit aufgefächert: Im Sinne der Verstockungstheorie werfen die *Freiburger* den Juden vor, sie widerstrebten der Offenbarung Gottes in Jesus Christus „bis zum heutigen Tage“. Hier liege ihre „entscheidende Schuld“. Die christliche Verpflichtung der Judenmission wird hervorgehoben und die Möglichkeit thematisiert, durch die Taufe, vorausgesetzt „der christliche Glaube [ist] im Herzen geweckt worden“, „gefahrvolle Anlagen und Charaktereigenschaften zu überwinden“. Sie nehmen die im biologischen Antisemitismus weit verbreiteten Denkmuster auf, wenn sie die Notwendigkeit von Schranken zwischen verschiedenen Rassen betonen und die Gefahr der „Vermischung“ beschwören. Schließlich wird dem rassistischen Vorurteil das Wort geredet, wenn die *Freiburger* die Pflicht und das Recht des Staates hervorheben, unter Umständen Maßnahmen zu ergreifen, „um dem unheilvollen Einfluß einer Rasse auf die Volksgemeinschaft" zu wehren, wobei jedoch „der Pflicht zur Gerechtigkeit und zur sittlichen Mitverantwortung Rechnung" getragen werden müsse. Politische und kulturelle Motive einer ablehnenden Haltung gegenüber Juden und Judentum werden im Abriss über die Geschichte des Antisemitismus zunächst wertfrei, rein deskriptiv thematisiert. Der starke Einfluss, den Juden auf wichtigen Lebensgebieten erlangt hätten, und ihre Rolle als „Nutznießer" der Moderne – des Kapitalismus wie der Demokratie – sowie ihre wichtige Rolle in den Gruppierungen und Parteien der Linken. Diese Faktoren sind für die *Freiburger* zentrale Ursachen für ein Anwachsen der Judenfeindschaft. In ihren Überlegungen zu Entschädigungsmöglichkeiten für die Juden nach dem Krieg lassen die Verfasser keinen Zweifel daran aufkommen, dass sie die Juden für das Entstehen und Anwachsen des Antisemitismus mindestens ebenso stark verantwortlich machen wie die nicht-jüdische Mehrheitsgesellschaft: Materielle Sondervorteile sollten den Juden lieber nicht gebilligt werden, um „ihr künftiges Zusammenleben mit uns nicht von vornherein zu gefährden und zu vergiften". Und die Wiedereingliederung ausgewanderter Juden in ihre alten Berufe sollte „mit dem nötigen Takt erfolgen, damit nicht abermals antisemitische Gefühle wachgerufen werden."

Es existieren eine Reihe von Quellen, die den in der Denkschrift „Politische Gemeinschaftsordnung" zum Ausdruck kommenden, mal mehr mal weniger gemäßigten Antisemitismus im Denken der Mitglieder des *Freiburger Kreises* bestätigen. Von Franz Böhms Haltung zu Juden und Judentum war ausführlich die Rede. Er hatte sich, ganz ähnlich wie die in den „Vorschlägen" formulierten Positionen, deutlich vom extremen Antisemitismus der Nationalsozialisten nicht nur distanziert, sondern auch mutig gegen ihn Stellung genommen. Gleichzeitig war für ihn die

Existenz einer „Judenfrage", die es zu lösen gelte, unstrittig. Er sah die Gefahren einer Rassenvermischung und Überrepräsentation von Juden in einzelnen Bereichen. Auch von Gerhard Ritter sind Äußerungen überliefert, die auf Vorbehalte Juden und Judentum gegenüber schließen lassen.[187] Otto Dibelius etwa hatte sich 1928 in einer öffentlichen Stellungnahme „trotz des bösen Klanges, den das Wort vielfach angenommen hat" als Antisemiten bezeichnet: „Man kann nicht verkennen, daß bei allen zersetzenden Erscheinungen der modernen Zivilisation das Judentum eine führende Rolle spielt. Die Pflege des Volkstums, in das uns Gott hineingestellt hat, die Stärkung des Heimatgefühls, eine Verwurzelung in die [sic] Scholle und eine bewußte Abkehr von der Asphaltkultur – das sind die Ziele, für die sich jede evangelische Kirche mit Bestimmtheit einsetzen wird!"[188] Auch Goerdelers Ansichten waren nicht allzu weit von den in der Anlage 5 formulierten Vorschlägen entfernt.[189]

Wie tief verwurzelt die Vorbehalte gegen Juden und Judentum waren und zu welchen Denkweisen sie führen konnten, kann besonders eindrücklich am Beispiel Adolf Lampes verdeutlicht werden. Über den wahrscheinlich unerschrockensten Kämpfer der *Freiburger* gegen die nationalsozialistische Judenpolitik hieß es nicht von ungefähr in den Berichten, die der Chef der Sicherheitspolizei und des SD, Kaltenbrunner, auf Grundlage der Vernehmungen von nach dem Attentat des 20. Juli 1944 Verhafteten erstellte und regelmäßig an die Parteikanzlei sandte: „Bei Lampe

187 Vgl. Gerhard Ritter an OKR Duerr (Freiburg), Freiburg, den 3.2.1946, in: BAK, NL Ritter, N 1450, 402.

188 Otto Dibelius, Rundbrief (an die Pfarrer der Kurmark), Nr. 2, 3.4.1928, S. 2f., zit. n. Greschat 1988, S. 43f.; Vgl. zu Dibelius auch Gerlach 1993, S. 40ff.

189 Peter Hoffmann, Carl Goerdeler gegen die Verfolgung der Juden, Köln 2013.

treten erneut die Punkte hervor, in denen sich ein großer Teil der Männer vom 20. Juli 1944 weltanschaulich vom Nationalsozialismus geschieden hat. So erklärt Lampe zur *Judenfrage*: ‚Ich konnte den Antisemitismus in der generalisierenden radikalen Ausprägung, *die auch keinen Ausnahmefall in persönlicher Hinsicht zuließ und die Glaubenszugehörigkeit nie maßgebend sein ließ, nicht zustimmen.*'"[190] Diese Aussagen Lampes waren sehr mutig. Seine Situation gegenüber den Untersuchungsbehörden und vor Gericht konnte er damit nicht verbessern – im Gegenteil. Nach dem Krieg, im weitgehenden Wissen um die Judenvernichtung und bei voller Ablehnung der nationalsozialistischen Judenpolitik, nahm Lampe jedoch ganz unreflektiert ein besonders weit verbreitetes und auch in der Anlage 5 formuliertes antisemitisches Motiv auf: Juden tragen am Antisemitismus und seinen Folgen eine Mitschuld. In einem Briefentwurf vom August 1946 an den einstmaligen jüdischen Hausarzt der Familie, Harry Koenigsfeld, der gemäß § 3 des Berufsbeamtengesetzes zum 1. Oktober 1933 seine Stellung als außerordentlicher Professor und Oberarzt an der Freiburger Universitätsklinik hatte verlassen müssen, mit den Nürnberger Gesetzen 1935 seine Venia Legendi verlor und 1940 aus Freiburg ins Lager Gurs nach Frankreich deportiert wurde, breitete Adolf Lampe dieses Motiv aus. Nach dem Krieg hat sich Lampe in rührender Weise um eine adäquate Wiederanstellung Koenigsfelds im Freiburger Klinikum bemüht, jedoch ohne

190 Der Chef der Sicherheitspolizei und des SD an Reichsleiter Pg. Bormann (München), Berlin, den 26.10.1944, in: Opposition gegen Hitler und der Staatsstreich vom 20. Juli 1944. Geheime Dokumente aus dem ehemaligen Reichssicherheitshauptamt, hrsg. von Hans-Adolf Jacobsen, Bd. 1, Stuttgart 1989, S. 470. Hervorhebungen im Original.

Erfolg[191]. Gleichzeitig reflektierte er wenig einfühlsam über die Entstehung des Antisemitismus und seine Konsequenzen:

> „Ich bin der letzte, der die Menschheit als Gestüt gewertet und behandelt wissen will. Rassenfrage hin, Rassenfrage her: die Tatsache, dass ein Teil der in Deutschland lebenden formalrechtlich als deutsche Juden behandelten Juden sich nicht assimiliert hatte, läßt sich einfach nicht leugnen. [...] diese wenigen, nicht assimilierten Juden haben es nun allerdings in einer erschütternden Weise verstanden, nicht nur sich, sondern auch diejenigen, die äusserlich der Judenschaft zugerechnet wurden, denkbar unbeliebt zu machen. [...] Wer das Schuldproblem bei Behandlung der Judenfrage ausschöpfen will, darf nicht an der Erkenntnis vorübergehen, dass nicht assimilierte Juden (die sich doch grundsätzlich genauso hätten einfügen können, wie es die Masse der Juden tat) wesentliches zur Anfachung des Antisemitismus bereits vor 1933 beigetragen haben."

Und Lampe fuhr etwas später im Brief fort:

> „Heute ist die Zahl der Juden hier verschwindend gering geworden. Von den Überlebenden halten sich die Allermeisten zurück. Der Schock, den sie in den zurückliegenden Jahren erlitten haben, ist für Menschen von normaler Konstitution einfach zu furchtbar gewesen, als dass die früher als spezifisch jüdisch geltende und mancherlei Form der Abwehr herausfordernde große Beweglichkeit sich wieder allgemein bemerkbar machen würde. Aber: einige Wenige, die nichts dazugelernt haben, machen sich um so übler bemerkbar: <u>so</u> übel, dass ihr Treiben allerdings vollauf dazu

---

191 Zu den Problemen, Koenigsfeld nach seiner Rückkehr mit einer ihm adäquaten Stelle im Universitätsklinikum zu versorgen vgl. den Brief von Harry Koenigsfeld an Gertrud Lampe (Freiburg), Villard/Creuse, den 26.5.1946.

angetan ist, von denjenigen, die heute nach einer Entschuldigung für ihre Lässigkeit, ihr Mitläufertum oder gar ihre faktische Schuld suchen, diese fragwürdigen Repräsentanten unguter jüdischer Eigenschaften – ganz und gar mit Unrecht, aber mit grosser Zähigkeit – ‚als typische Vertreter des Judentums' ansprechen. Auf diese Weise kann sich ein Wiederaufleben des Antisemitismus früher oder später ergeben."[192]

Ein gutes Jahr später sieht Lampe seine Befürchtungen bestätigt. Er warnt nun Koenigsfeld nach Deutschland zurückzukommen, weil jetzt in der Tat antisemitische Strömungen als Konsequenz des Verhaltens einiger Juden aufgekommen seien:

„Die Lage wird von Tag zu Tag ernster. Die vollkommen blödsinnigen Methoden der Denazifizierung lassen immer mehr Leute den Blick für den Wahnwitz jeglichen Diktatursystems verlieren. [...] Im Zusammenhang mit dieser neuen geistigen Verwirrung steht das Aufkommen neuer antisemtischer Strömungen. Die Schuld hieran ist vornehmlich dem fatalen Treiben einiger weniger Juden zuzuschieben, die alttestamentarische Rache üben wollen und dabei getreulich von höchst fragwürdigen sogen. Antifaschisten sekundiert werden. Auch in diesem Punkte ist eine schauerliche Parallele zum dritten Reich festzustellen. Seine widerliche antisemitische Lehre hätte nicht so ins Kraut schiessen können, wie sie es tat, wenn nicht eben vor 1933 ebenfalls solche irgendwie mit Komplexen beladene Judengefühle der Feindschaft, ja des Hasses

192 Adolf Lampe an Harry Koenigsfeld (Villard/Creuse), August 1946, in: ACDP, NL Lampe, I-256-003. Unterstreichungen im Original. Lampe vermerkte handschriftlich auf dem Briefkopf „nicht abgesandt".

> sich ausgelöst hätten, die propagandistisch zum Massenwahnsinn gesteigert werden konnten."[193]

Das eigentlich Charakteristische an der Haltung der *Freiburger* gegenüber Juden und nationalsozialistischer Judenpolitik hat wohl am anschaulichsten Constantin von Dietze zum Ausdruck gebracht. In seinen während der Haftzeit entstandenen Erinnerungen 1944/45 reflektierte er über seine eigene distanzierte Haltung gegenüber Juden. Gleichzeitig beschrieb er, wie diese Distanz in dem Moment zweitrangig wurde, ja ihre Bedeutung verlor, in dem Juden bedroht und zu Opfern staatlicher Gewalt wurden.

> „Vor 1933 hatten wir zwar Juden nicht schroff gemieden, aber wir waren ihnen doch meist mit einiger Zurückhaltung begegnet und waren deshalb mit ihnen kaum vertraut geworden, hatten unseren Verkehr vielmehr fast ausschließlich mit nichtjüdischen Familien. Ein gutes kollegiales Verhältnis wie mit Gutmann in Jena (ein Nationalökonom an der Universität Jena, Anm. T. K.), war für uns eine Ausnahme. Als dann 1933 so viele unglückliche Menschen um ihrer Abstammung willen zurückgesetzt, beschimpft und verfolgt wurden, da fühlten wir uns allerdings verpflichtet, ihnen so viel wie möglich Freundlichkeit zu zeigen und damit zu bekunden, dass wir die unchristliche und gemeine Entwürdigung von Menschen um ihrer Abstammung willen nicht mitmachten. Das hat uns mit vielen innerlich zusammengebracht, und gerade um ihrer bedrängten Lage willen haben wir dann auch gesellschaftlichen Verkehr mit ihnen gepflegt; da es sich vielfach um

193 Adolf Lampe an Harry Koenigsfeld (Villard/Creuse), Freiburg, den 27.11.1947, in: ACDP, NL Lampe, I-256-A003/1-2.

sehr wertvolle und gute Menschen handelte, wurde daraus manch schönes Vertrauensverhältnis."[194]

Ohne Zweifel, die *Freiburger* waren in ihren Vorbehalten gegenüber Juden und Judentum gefangen. Auch sie waren, wie so viele Angehörige des nationalen Lagers, verhaftet in einem kulturellen antisemitischen Code, der den Antisemitismus, so gemäßigt er auch gewesen ist, letztlich als eine gesellschaftspolitische Haltung beschreibt. „Während die Nationalsozialisten die sogenannnte ‚germanische Ideologie' revolutionierten", schreibt die Historikerin Shulamit Volkov, „verwendeten sie weiter die alten Ausdrücke und Begriffe. Für sie war ‚Antisemitismus' ein Schlachtruf mit unmittelbaren Implikationen für das Handeln sowie ein Programm der Einschüchterung und Vernichtung. Für Millionen Deutsche und für die Mehrheit der deutschen Juden blieb ‚Antisemitismus' ein kultureller Code."[195] Deshalb unterlag die Mehrheit der Deutschen dem Irrtum, es mit einem vertrauten Bündel von Auffassungen und Einstellungen zu tun zu haben. Sie bemerkten nicht, dass die Referenz der Begriffe, ihre Bedeutung sich unter den Nationalsozialisten verändert hatte.

Anders die *Freiburger*: Sie haben genau hingesehen und waren sehr bald in der Lage, die neue Botschaft des nationalsozialistischen Antisemitismus zu entschlüsseln. Ja, in dem Maße, in dem die Nationalsozialisten die Juden aus der deutschen Gesellschaft aussonderten, „entdeckten" die *Freiburger* die Juden als Mitmenschen. Sehr früh, in dem Moment nämlich, als sie die Bedrohung der Juden in Deutschland wahrnahmen, nach dem Boykott der jüdischen Geschäfte am 1. April 1933, nach

194 Dietze, Erinnerungen, S. 368.

195 Shulamit Volkov, Jüdisches Leben und Antisemitismus im 19. und 20. Jahrhundert. Zehn Essays, München 1990, S 36.

der Einführung der Nürnberger Gesetze 1935, spätestens jedoch nach der sogenannten Reichskristallnacht am 9./10. November 1938 haben sie die neue, mörderische Qualität des nationalsozialistischen „Erlösungsantisemitismus“ erkannt – und sie haben Konsequenzen gezogen.

Dass sie dabei große, letztlich existenzielle Risiken eingingen, liegt auf der Hand. Wir haben von den Schwierigkeiten und Problemen, denen alle *Freiburger* in ihrer individuellen Auseinandersetzung mit dem Regime ausgesetzt waren, erfahren. Von Dietze, Lampe, Ritter und Walter Bauer mussten für ihre Konsequenz teuer bezahlen: Sie wurden nach dem 20. Juli 1944 verhaftet und harten, mit Misshandlungen und Folter verbundenen Verhören unterzogen. Nur die Befreiung durch die Alliierten bewahrte sie vor einem Abschluss der Verfahren vor dem Volksgerichtshof, an deren Ende mit größter Wahrscheinlichkeit Todesurteile gestanden hätten. Der Auftraggeber und zwei der unmittelbar an der Entstehung der Denkschrift „Politische Gemeinschaftsordnung“ beteiligten Freunde des inneren Kreises, Dietrich Bonhoeffer, Carl Goerdeler und Friedrich Justus Perels, wurden hingerichtet.

Nicht bewusst geworden ist den *Freiburger*n, dass der Antisemitismus, der eher auch zu ihrem politischen Denken gehörte, dazu beigetragen hat, dass die Juden überhaupt zum Ziel der Verfolgung werden konnten. Und den Boden dafür bereitet hat, dass überall in Deutschland und Europa Menschen sich zu Zuschauern machen ließen, die es einfach vermieden, die Realitäten der Judenverfolgung und Judenvernichtung mitten unter ihnen zu sehen. Anders ist es nicht zu erklären, dass die *Freiburger* teilweise auch noch in der Nachkriegszeit in antisemitischen Denkmustern verhaftet blieben, Distanz zu Juden weiterhin ein Bestandteil ihres „mental furniture“ blieb.

Hat der deutsche Widerstand die Juden im Stich gelassen? Die *Freiburger* taten es jedenfalls nicht. Sie haben die gesellschaftliche Ausgrenzung, Entrechtlichung und Verfolgung der Juden sehr genau wahrgenommen, ihren Möglichkeiten entsprechend darauf reagiert – und dabei viel riskiert.

Daran änderte nichts, dass sie in einer Mischung aus religiös, biologisch-rassisch, politisch und kulturell motivierten Vorbehalten und Ressentiments gegenüber Juden und Judentum befangen waren. Diese Form des Antisemitismus führte nicht dazu, dass die *Freiburger* ihre Augen vor den Realitäten des extremen Antisemitismus der Nationalsozialisten verschlossen. Es war gerade der Antisemitismus in der nationalsozialistischen, auf „Erlösung" von den Juden abzielenden Form, der sie dazu bewegte, sich aktiv gegen das Regime zu stellen.

Den nationalsozialistischen Antisemitismus begriffen sie als Teil, die nationalsozialistische Judenverfolgung als Resultat einer Politik, die sich von jeder christlich-ethischen Bindung gelöst hat – und die nationale Gemeinschaft letztlich verriet. Die *Freiburger* konnten und wollten sich die nationale Gemeinschaft jedoch nur als eine christlich fundierte vorstellen. Mit Luther glaubten sie nicht daran, dass sich allein auf menschliche Vernunft eine politische Ethik gründen ließe, die der Verführung durch die Macht oder die Gewaltanwendung im Namen politischer Ideologien zu widerstehen vermöchte. So war ihr durch den nationalsozialistischen Terror gegen die Juden ausgelöster Widerstand gegen den Nationalsozialismus auch ein Kampf für ein auf Recht und Ethik gründendes Deutschland. Umgekehrt formuliert: Ihr Kampf für ein auf Recht und Ethik beruhendes Deutschland war stets auch ein Kampf für einen Staat, in dem Juden nicht um Leib und Leben fürchten müssen. Das nationalsozialistische Deutschland, so wie es sich gegenüber den Juden verhielt, hatte für sie nichts mit Vorstellung der Nation zu tun.

„Wir müssen wieder ein richtiges Menschenbild gewinnen und danach handeln", bemerkte Constantin von Dietze wenige Monate nach der Befreiung vom Nationalsozialismus in einer Rede vor der Freiburger Universität. „Was darin liegt, das kann uns, wie mir scheint, ein Blick auf die Inschriften am Collegiengebäude unserer Universität andeuten. Zunächst entnehmen wir von dort eine Warnung, wenn wir lesen: ‚Dem ewigen Deutschtum'. Diese Inschrift, die unter dem Dritten Reiche angebracht wurde, ist so unwahr wie dieses Dritte Reich selbst. Das Deutschtum ist eben nicht ewig und kann es ebenso wenig sein wie irgendein anderes Volk der Erde. Und was das Dritte Reich erfüllt, das war vorwiegend ganz undeutsch. Wohl am undeutschesten war Hitler selbst, über dessen Herkunft und Werdegang ja auch heute noch undurchdringliche, durch planmäßige Lügen geschaffene Geheimnisse liegen. An der anderen Seite des Universitätsgebäudes lesen wir aber noch, was 1911 dort eingemeißelt und in den Ansprachen bei der Feier zur Eröffnung des neuen Hauses besonders betont wurde: ‚Die Wahrheit wird Euch frei machen'."[196]

Nach dem Kriege stellten sich alle *Freiburger* mit großem Engagement in den Dienst der zweiten deutschen Demokratie. Adolf Lampe blieb nicht mehr viel Zeit, seine Fähigkeiten in die neue Ordnung einzubringen. Er starb bereits 1948 an den Folgen der Haft in der NS-Zeit, die sich durch eine viermonatige Internierungshaft durch die französische Besatzungsmacht im Jahr 1946 noch verschlimmert hatten. In den Jahren, die ihm

196 Constantin von Dietze, Der Zerfall der Wahrheit im Dritten Reich, Universitätsvortrag, Freiburg 11.10.1945, in: UBF, NL von Dietze, K10- M. 3.

blieben, reflektierte er unablässig über die Ursachen und Konsequenzen der deutschen Katastrophe. Bewusst stellte er sich auf den in der Stuttgarter Schulderklärung der Evangelischen Kirche Deutschlands formulierten Standpunkt. Er nahm sich auch selbst von der dort bekannten Schuld des deutschen Volkes nicht aus, obwohl, wie er 1947 in einem Brief an seinen in politischer Hinsicht noch immer nicht belehrten und belehrbaren Bruder schrieb, „ich glaube sagen zu dürfen, dass ich zu den ältesten Gegnern des Nationalsozialismus gehöre, die dieses verfluchte Dritte Reich überlebt haben." So entschieden er und seine Freunde auch widerstanden hätten, es ändere nichts daran, „dass auch wir Gegner des Dritten Reiches im Dritten Reich gewisse Konzessionen gemacht hatten, um am Leben zu bleiben und das war Schuld. Genau genommen sind also nur diejenigen schuldlos, die diese ihre Schuldlosigkeit heute nicht mehr aussprechen können, weil man sie aufgehängt hat."[197] Kurz nach Lampes Tod würdigte der während des „Dritten Reiches" aufgrund seiner jüdischen Herkunft ins amerikanische Exil getriebene einstmalige Kollege Lampes, Carl Landauer, nun Professor an der State University of California, den Verstorbenen in einer Weise, die vieles von dem zusammenfasst, was wir über ihn wissen:

> „Die Unbedingtheit seines Wahrheitsdranges hat nicht nur äußere Leiden und Gefahren über ihn gebracht, über die seine Freiburger Freunde und Kollegen sicher noch mehr wissen als ich, sondern ihn auch in schwere seelische Kämpfe verwickelt. Die Briefe, die er mir nach meiner Auswanderung 1933 hierher schrieb [...] sind erschütternde Dokumente, voll von einem überaus schmerzlichen Gewissenskonflikt zwischen seiner

---

197 Adolf Lampe an Hanns Lampe, Freiburg, den 27.5.1947, in: ACDP, I-256-KO28.

tiefen Liebe zu Deutschland und dem Abscheu vor den Taten der Hitlerregierung, der zur schärfsten Verurteilung dessen zwang, was damals im Namen Deutschlands geschah. Er war nicht der einzige, der diesem Seelenkampf zu bestehen hatte, aber seine bedingungslose Ehrlichkeit verlegte ihm Auswege, die manche anderen gehen konnten. Wenn er wirklich einmal in einem Augenblick wohltätiger Selbsttäuschung die Dinge nicht in ihrer ganzen Furchtbarkeit sah, so zerriss seine eigene grenzenlose Gewissenhaftigkeit alsbald wieder den Schleier, und der Kampf begann von neuem."[198]

198 Carl Landauer an den Hohen Akademischen Senat und die Staatswissenschaftliche Fakultät der Universität Freiburg, 18.3.1948, in: ACDP, NL Lampe, I-256-028. In gewisser Weise hat die Witwe Adolf Lampes, Gertrud, das Vermächtnis ihres Mannes aufgenommen und weitergeführt: als Geschäftsführerin des Hilfswerkes 20. Juli und als engagierte Kämpferin für die Belange des Staates Israel: Vgl. dazu exemplarisch den Brief Gertrud Lampes an Franz Böhm, geschrieben auf dem Höhepunkt des sogenannten Jom-Kippur-Krieges: „Sehr verehrter, lieber Herr Böhm, als Zeichen unserer Einsicht der moralischen Schuld haben Sie seinerzeit im Namen der Bundesregierung den Vertrag mit Israel abgeschlossen. Dies war die logische Konsequenz Ihres Eintretens für die jüdischen Freunde in Jena während des Dritten Reiches, das Ihnen die Professur kostete, Ihrer hochverehrten Schwiegermutter ein groteskes Verhör durch subalterne Beamte der Gestapo eintrug. Nach der Kristallnacht, am 9. November 1938, die uns alle so sehr erschütterte, telefonierte mein Mann mit Herrn von Dietze, dies war die Geburtsstunde des ‚Freiburger Kreises'. Ich meine, wir stehen jetzt in einer ähnlichen Situation, in der wir unseren jüdischen Freunden zeigen müssen, daß wir, um der warmen Stube willen keine Erpressungen hinnehmen können. Bitte lassen Sie uns überlegen, was getan werden kann, um wenigstens ein Zeichen zu setzen. Ich glaube, daß wir dies unseren Freunden und Mitstreitern von ehedem, die nicht mehr unter uns sind, schuldig sind." Gertrud Lampe an Franz Böhm, Frankfurt/M., den 15.11.1973, in: ACDP, NL Lampe, I-256-KO28.

Walter Eucken war 1948 in den Wissenschaftlichen Beirat bei der Verwaltung für Wirtschaft des Vereinigten Wirtschaftsgebietes bzw. beim Bundesminister für Wirtschaft berufen worden. Seit 1949 gab er das Jahrbuch ORDO heraus, das zum wichtigsten Sprachrohr der Theoretiker der Sozialen Marktwirtschaft werden sollte. Er starb zwei Jahre nach Lampe.

Gerhard Ritter lehrte weiter an der Freiburger Alma Mater, galt jedoch in den ersten Kriegsjahren wie dann wieder Mitte der sechziger Jahre nicht als ein konservativ-nationaler Historiker, der für die neue Geschichtswissenschaft in einer demokratischen Gesellschaft mehr und mehr angestaubt wirkte. Er gehörte zu der kleinen Minderheit in der evangelischen Kirche, die die Stuttgarter Schulderklärung des Rates der EKD vom Oktober 1945 guthießen, sie war damals heftig umstritten, nicht wegen der Nicht-Benennung des Völkermordes an den Juden, sondern weil sie für viele Protestanten in der Anerkennung der Schuld viel zu weit ging. Er sei, schrieb er Ende 1945 in Reaktion auf die heftigen Proteste gegen die Schulderklärung, „entsetzt über diese Opposition und ihre Torheit. Der Nazigeist steckt doch noch erschreckend tief in diesen Pfarrerkreisen und muß m. E. mit aller Energie bekämpft werden.“[199] Mit Karl Barth, Gustav Heinemann und Martin Niemöller war er sich darin einig, dass die Schuldfrage im Sinne der politischen Verantwortung und deren Folgen zu stellen sei. Und nicht, wie vielfach gefordert, in einer vom Versagen des Einzelnen abstrahierenden, metaphysischen Weise. Ritter beteiligte sich an der Gründung der ersten evangelischen Akademie in Bad Boll im Herbst 1945 und betätigte sich als politischer Berater der EKD. 1947 wurde er zum Mitbegründer des Instituts für Zeitgeschichte in München, einer Institution,

199 Gerhard Ritter an Hans Asmussen, Freiburg, den 15.12.1945, in: BAK, NL Ritter, N 1450, 402.

die primär die wissenschaftliche Aufarbeitung des Nationalsozialismus zur Aufgabe hatte. 1948 nahm er als Delegierter an der 1. Vollversammlung des Ökumenischen Rates in Amsterdam teil. Dort trug er eine Erklärung mit, in der eine besondere Solidarität der christlichen Kirchen mit den Juden betont und die Mitschuld der christlichen Kirchen an der Entstehung des modernen Antisemitismus benannt wurde: „Die Kirchen haben in vergangenen Zeiten dazu geholfen, ein Bild des Juden als des alleinigen Feindes Christi entstehen zu lassen, das den Antisemitismus in der säkularen Welt gefördert hat." Es gelte den Antisemitismus in jeglicher Ausprägung zu bekämpfen, denn: „Der Antisemitismus ist eine Sünde gegen Gott und die Menschen."[200] Mit seiner großen Biografie über „Carl Goerdeler und die deutsche Widerstandsbewegung", erschienen 1954, setzte er dem Widerstand gegen den Nationalsozialismus ein Denkmal, wenngleich ein heftig umstrittenes. Im Jahr 1967 starb Gerhard Ritter in Freiburg.

Für Constantin von Dietze und Franz Böhm wurde die Aussöhnung mit Juden und Israel zu einem Lebensthema. Von Dietze wirkte in den Jahren 1946 bis 1949 als Rektor der Freiburger Universität. In dieser Funktion und danach bemühte er sich um die Berufung von in die Emigration gezwungenen jüdischen Wissenschaftlern. So ist es weitgehend ihm zu verdanken, dass Arnold Bergsträsser Anfang der fünfziger Jahre auf einen Lehrstuhl für Wissenschaftliche Politik berufen wurde.[201]

---

200 Erklärung des Ökumenischen Rates der Kirchen, Amsterdam 1948, zit. n. Rolf Rendtorff/Hans Hermann Henrix (Hrsg.), Die Kirchen und das Judentum. Dokumente von 1945 bis 1985, 2. Aufl. München 1989.
201 Vgl. den Brief von Arnold Bergstraesser an Constantin von Dietze (Freiburg), Chicago, den 10.2.1954, in: UBF, NL von Dietze, Korrespondenz B.: „Es ist unvergessen und wird unvergessen bleiben, dass Sie der geistige Urheber unserer Uebersiedlung nach Freiburg sind und Ihre Anwesenheit hat bei dem Entschluss, der Frankfurter Sirene gegenueber die

In den Jahren 1955 bis 1961 bekleidete von Dietze das Amt des Präses der Gesamtdeutschen Synode der Evangelischen Kirche in Deutschland. Er war einer der ersten deutschen Wissenschaftler, die in den fünfziger Jahren nach Israel, dessen Entwicklung er mit großer Neugier und Sympathie verfolgte, eingeladen worden sind. Zahlreiche Dokumente in seinem Nachlass zeugen von einem ständigen Austausch mit israelischen Kollegen, in dem von Dietze auch zu selbstkritischen Einsichten über sein Verhältnis zu Juden und Judentum kommt. „Sie haben den ‚grossen Streit, der Ihnen durch das ganze Leben nachfolgte', bestanden", hieß es in einem Glückwunschschreiben eines israelischen Freundes aus Anlass des 80. Geburtstags Constantin von Dietzes, „und wie mein Vorfahre und Namensgeber Jaacov, mit dem Engel gerungen, ohne zu unterliegen."[202] Von Dietze starb 1973.

Ohren zuzuhalten, sehr wesentlich mitgewirkt (Bergstraesser hatte auch nach Frankfurt einen Ruf bekommen, Anm. T. K.) Ich habe keinen Zweifel, dass sich sehr bald zeigen wird, auch auf nicht-akademischen Gebiet, wie stark die gemeinsamen Grundlagen des Denkens zwischen uns geblieben sind."

202 Die Passage, aus der das Zitat entnommen wurde, lautet: „Ich danke auch der Vorsehung, die mir das Glück der Begegnung mit Ihnen gegönnt hat, denn Sie sind einer der ganz wenigen Menschen von Fleisch und Blut, die mir bekannt sind, die ich ohne Zögern den idealisierten Vorbildern der Vergangenheit an die Seite stellen möchte, die uns unsere Erzieher in unserer Kindheit und Jugend vor Augen gestellt haben. Verantwortungsbewusstsein, unbedingte Wahrhaftigkeit, Vaterlandsliebe und Treue waren für Sie keine leeren Worte, sondern die Leitmotive Ihres Handelns; auch in finsterster Zeit sind Sie mannhaft für das eingetreten, was Sie als richtig erkannten (nach einem Wort Platos, das Sie gerne zitieren). Sie haben den ‚grossen Streit, der Ihnen durch das ganze Leben nachfolgte', bestanden, und wie mein Vorfahre und Namensgeber Jaacov, mit dem Engel gerungen, ohne zu unterliegen." Dr. Jaacov Bach an Constantin von Dietze (Freiburg), Tel Aviv, Z. Zt. Flims-Waldhaus, den 6.8.1971, in: UBF, NL von Dietze, K. 112-M. 1.

Franz Böhm, der 1946 einem Ruf nach Frankfurt folgte, gehörte 1945/46 als Kultusminister zur ersten hessischen Nachkriegsregierung. Ab 1952 leitete er auf eine Bitte Adenauers hin die Wiedergutmachungsverhandlungen mit Israel, ein Land, dessen Aufbau er bewunderte und förderte.[203] Als Autor, als Abgeordneter des Bundestages, dem er 1953 bis 1965 für die CDU angehörte, und als Gründungs- und Vorstandsmitglied in den sich allmählich formierenden Gesellschaften für Christlich-Jüdische Zusammenarbeit betätigte sich Böhm nun als Vorkämpfer für die jüdisch-christliche und deutsch-israelische Verständigung. Und er begann sich intensiv, unter anderem in wissenschaftlichen Artikeln[204], mit der Geschichte des jüdisch-christlichen Verhältnisses und des Antisemitismus zu beschäftigen. „Wir können z.B. die wahren Wurzeln des Antisemitismus und seiner Macht über

---

203 Von Böhms Sympathie mit dem Aufbau Israels und seiner Unterstützung für den Staat zeugen zahlreiche Schriften: Franz Böhm, Notizen einer Reise nach Israel, in: ACDP, NL Böhm, I-200-006/5; Ders., Die deutsch-israelischen Beziehungen, in: Frankfurter Hefte, (1953), S. 601–625; Ders./ Marietta Böhm, Eine Reise nach Israel, Köln 1955 (=Schriftenreihe des Israel-Informations-Dienstes 3); Ders., Friede für Israel, in: Zeitwende. Die neue Furche, 2 (1957) 28, S. 73–83.

204 Franz Böhm, Der Antisemitismus und die Deutschen, in: Die Gegenwart, 18 (1950) 5, S. 10–13; Ders., Eine deutsche Aufgabe: Offener Brief an die Antisemiten unter uns, in: Die Gegenwart, 21 (1950) 5, S. 1–13; Ders., Antisemitismus. Vortrag, gehalten anläßlich des Kongresses der deutschen Gesellschaften für christlich-jüdische Zusammenarbeit in München am 12. März 1958, hektografierte Schrift. Auch veröffentlicht in: Franz Böhm, Reden und Schriften. Über die Ordnung einer freien Gesellschaft, einer freien Wirtschaft und über die Wiedergutmachung, hrsg. von Ernst-Joachim Mestmäcker, Karlsruhe 1960, S. 241–257; Ders., Das Vorurteil als Element totaler Herrschaft, in: Vorträge, gehalten anläßlich der Hessischen Hochschulwochen für staatswissenschaftliche Fortbildung, Bad-Homburg-Berlin-Zürich 1957, S. 149; Ders., Antisemitismus im 19. Jahrhundert, in: Bulletin des Leo Baeck Instituts, 16 (1961), S. 269–276.

die Gemüter nicht verstehen", heißt es in einem hellsichtigen Aufsatz Franz Böhms aus dem Jahr 1950, „wenn wir die Entstehung und Ausbreitung dieses Vorurteils nicht in der Geschichte zurückverfolgen, wenn wir insbesondere nicht den religiösen Ursachen nachspüren."[205] Auch im Rahmen der Verhandlungen um die an Israel zu leistenden Entschädigungszahlungen nahm Böhm den Kampf gegen den sich in diesem Kontext regenden Antisemitismus, auch mit Mitgliedern des Kabinetts, so etwa mit Bundesfinanzminister Schäffer, auf.[206] Bei all diesen Aktivitäten für die Humanität und gegen den Antisemitismus fühlte sich Böhm, der 1977 starb, getragen von seinem christlichen Glauben. Man könnte meinen, er sprach für alle *Freiburger*, wenn er 1950 formulierte: „wir glauben, daß Erscheinungen wie der Zerfall der Menschlichkeit, der Zerfall der Wahrheit und der Zerfall des Rechts in der Geschichte der modernen zivilisierten Menschheit – insbesondere leider bei uns Deutschen – in seiner ganzen Bedeutung von religiösen Menschen mit besonderer Intensität erfaßt und erlebt wird. [...] Was [durch die Nationalsozialisten, Anm. T. K.], geschah, war nicht nur eine Inhumanität, ein Verbrechen, es war mehr, es war ein Frevel."[207]

205 Franz Böhm, Gemeinschaft – nicht Feindschaft, in: Knud C. Knudsen (Hrsg.), Welt ohne Haß: Führende Wissenschaftler aller Fakultäten nehmen Stellung zu brennenden deutschen Problemen, Berlin-Hamburg-Stuttgart 1950, S. 135–147, S. 139.
206 Vgl. Franz Böhm, Ehrengericht (Böhm-Schäffer), in: ACDP, NL Böhm, I-200-006/4. Vgl. dazu Roser 1996, S. 169ff.
207 Böhm 1950, S. 144.

Warum erinnern? Sechs Lektionen

Die Erinnerung an den Widerstand ist Familienangelegenheit. Auch 75 Jahre nach dem gescheiterten Staatsstreich findet das Gedenken weitgehend unter Ausschluss der Öffentlichkeit statt. Es sind vor allem die Nachkommen, die alljährlich das Andenken an ihre ermordeten Väter und Großväter wachhalten. Die Feiern im Bendlerblock, organisiert von der von Angehörigen gegründeten Stiftung 20. Juli, gleichen Familientreffen, zu denen der eine oder andere Gast aus der Politik hinzugeladen wird. Meine Großmutter, Ursula Schleicher, versuchte keine dieser Veranstaltungen zu verpassen. Auch meine Mutter und meine Tanten und Onkel waren immer dabei. Hier traf man Menschen, die eine ähnliche Geschichte hatten. Hier musste man nichts erklären, denn jeder verstand, was es bedeutete, den Mann oder den Vater im Widerstand für die Freiheit verloren zu haben – ein Widerstand, der für die meisten Menschen in Deutschland aber keine Bedeutung hatte und hat. „Die Mörder sind unter uns …" heißt der berühmte Film von Wolfgang Staudte aus dem Jahr 1946, der die bedrückende Situation in Nachkriegsdeutschland festhielt. Hier, im Bendlerblock am 20. Juli, war einer der wenigen Ort, wo die Mörder nicht auftauchten. Und wenn sich doch einmal einer hierher verirrte, wie der ehemalige Marinerichter und spätere Marinerichter Hans Filbinger im Jahr 1974, dann ging es nicht ohne lautstarke Proteste ab.

Außerhalb dieser „Blase" hat der Widerstand gegen den Nationalsozialismus kaum eine Bedeutung. Freiheitsbewegungen schätzt man in Deutschland nicht so sehr. So hat der Versuch, das Land von Hitler und seinem Regime zu befreien, keinen

Eingang in das kollektive Gedächtnis der Deutschen gefunden. In der DDR ehrte man fast ausschließlich den kommunistischen Widerstand aus durchsichtigen Gründen: Instrumentalisierung zur Identitätsbildung. In der jungen Bundesrepublik kursierte in nationalen Kreisen noch lange der Verratsvorwurf. Nach 1968 wurde dann immer stärker die (vermeintlich)anti-demokratische Gesinnung der Widerständler gegeißelt. Dass zu ihnen eben nicht nur Militärs um den Tyrannenmörder Claus Schenk Graf von Stauffenberg gehörten, sondern auch Zivilisten ganz unterschiedlicher politischer Coleur, vom Sozialdemokraten Julius Leber über den Liberalen Hans von Dohnanyi bis hin zum Konservativen Carl Friedrich Goerdeler, – ein historisches Detail, mehr nicht. Und war es Zufall, dass der Tag des fehlgeschlagenen Attentats nicht einmal in Betracht gezogen wurde, als 2018 nach einem weiteren Feiertag für Berlin gesucht wurde? Wohl kaum, denn auch im wiedervereinigten Deutschland ist der 20. Juli nie wirklich zum Kristallisationspunkt eines gemeinsamen Gedenkens oder eines gemeinsamen Nachdenkens geworden. Man wird das Gefühl nicht los, dass die Menschen sich auch heute nur ungern daran erinnern, dass es im Nationalsozialismus Menschen gab, die ihrem Gewissen folgten und anders handelten als die übergroße Mehrheit. Neuesten repräsentativen Umfragen aus dem Sommer 2019 zufolge können rund 55 Prozent der Deutschen nichts mit dem 20. Juli anfangen, bei den unter 30-Jährigen sind es sogar über 70 Prozent.

Es stimmt ja, viele derjenigen, die im militärischen oder zivilen Bereich am Zustandekommen des Attentats beteiligt waren, kann man, nimmt man den unerbittlichen Blick der Nachgeborenen zum Maßstab, nicht als „lupenreine" Demokraten bezeichnen. Und auch ihr Verhältnis zu gesellschaftlichen Minderheiten war nicht immer eindeutig. Man konnte aber, wie die *Freiburger,* Antisemit sein und trotzdem sein Leben für die verfolgten Juden aufs Spiel setzen. Solche Menschen taugen in der individualisierten, digitalisierten, liberalen westlichen Welt nicht so recht als Vorbilder. Gerade die Ambivalenzen sind schwer zu verstehen und manchmal auch schwer auszuhalten. Zudem wird der Widerstand heutigen Gender-Ansprüchen nicht gerecht: Frauen spielten eher im Hintergrund, als diejenigen, die die Ziele ihrer Männer mittrugen und ihnen den Rücken freihielten, eine Rolle. Einen Heldenkult kann man aus diesen Menschen schlecht zimmern. Zu zeitverhaftet, zu krumm das Holz, aus dem sie geschnitzt waren, zu menschlich, allzu menschlich. Was haben wir mit diesen Menschen also zu tun? Warum an sie erinnern?

Weil ihr Denken und Handeln aktuell ist. Wir können von den Regimegegnern erfahren, dass es immer Handlungsalternativen gibt, selbst in der Diktatur, erst recht aber in der Demokratie. Bei ihnen erleben wir, dass es eben nicht nur Anpassung, Mitmachen, Gehorchen, Folgen und Rettung der eigenen Haut gibt, sondern der Mensch immer auch die Freiheit hat, sich für eine bessere Welt einzusetzen. Und nicht zuletzt können wir von ihnen Haltungen lernen, die für eine demokratische, freiheitliche Gesellschaft lebenswichtig sind.

1. Hüte das Recht

„Erste Aufgabe ist die Wiederherstellung der vollkommenen Majestät des Rechts" heißt es in der für den Tag des Umsturzes geplanten Regierungserklärung, die Carl Friedrich Goerdeler und Ulrich von Hassell verfasst hatten. „Die Regierung selbst muss darauf bedacht sein, jede Willkür zu vermeiden, sie muss sich daher einer geordneten Kontrolle durch das Volk unterstellen." Wenn man die Aussagen, die Widerstandskämpfer nach ihrer Verhaftung gegenüber der Gestapo machten, liest, dann wird schnell klar, dass sie durchweg alle den Zerfall des Rechtsstaates für den

Beginn des Übels und eine Wiederherstellung des Rechtsstaates für zwingend hielten. Auch wenn es über die Form der neuen Herrschaft durchaus unterschiedliche Auffassungen gab, einen großen Konsens gab es bei allen Beteiligten am Umsturzversuch des 20. Juli 1944: Menschenrechte und Bürgerrechte sollten wieder gelten, die Grundsätze des Rechtsstaats die neue staatliche Ordnung prägen. „Die zerbrochene Freiheit des Geistes, des Gewissens, des Glaubens und der Meinung wird wiederhergestellt", so die Regierungserklärung.[208]

Das bedeutete auch: Die Nationalsozialistischen sollten aufgeklärt und die Täter bestraft werden. Genau deshalb hielt zum Beispiel Hans von Dohnanyi, der von 1933 an für eine Wiederherstellung des Rechtsstaats kämpfte, als persönlicher Referent des Justizministers Gürtner in einem Tagebuch von 1934 bis 1938 nahezu täglich auf insgesamt mehreren Tausend Seiten fest, was ihm an Rechtsverletzungen bekannt wurde. Es sollte nach einem Umsturz als Material in einem Prozess gegen die Verantwortlichen und zur Aufklärung der Bevölkerung dienen.[209] In einer Denkschrift des *Kreisauer Kreises* aus dem Jahr 1943 hieß es dazu: „Unter der nationalsozialistischen Herrschaft sind zahlreiche Verletzungen des Rechts begangen worden. Ihre Bestrafung ist zur Wiederaufrichtung der Herrschaft des Rechts ein dringendes Gebot. Wenn dem Recht wieder zum Siege verholfen werden soll, so

---

208 Entwurf einer Regierungserklärung von Ludwig Beck und Carl Friedrich Goerdeler, Sommer 1944, in: GDW, 2. Aufl. 2016.

209 Vgl. Winfried Meyer (Hrsg.), Hans von Dohnanyi. Verschwörer gegen Hitler. „Mir hat Gott keinen Panzer ums Herz gegeben.", München 2015; Fritz Stern/Elisabeth Sifton (Hrsg.), Keine gewöhnlichen Männer. Dietrich Bonhoeffer und Hans von Dohnanyi im Widerstand gegen Hitler, München 2013.

kann das nur auf dem Wege des Rechts selbst geschehen."[210] Bei fast allen Widerstandskämpfern des 20. Juli finden sich ähnliche Motive. Wir sollten sie als Auftrag verstehen, allen Einschränkungen des Rechtsstaats gegenüber überaus wachsam zu sein.

2. Suche und halte Bindungen

Die meisten Männer im Widerstand waren hervorragende Kommunikatoren. Wenn man sich die Netzwerke anschaut, die die Menschen des 20. Juli aufbauten und in denen sie sich bewegten, dann wird klar: Der Widerstand basierte ganz wesentlich auf freundschaftlicher, verwandtschaftlicher und kollegialer Bindung.[211] Offenbar sind es gerade lange gewachsene, verlässliche menschliche Bindungen, die helfen, einen Blick zu wahren für richtig und falsch, Recht und Unrecht, gut und böse. Aus diesen Bindungen heraus entsteht ein Raum der Freiheit. Hannah Arendt hat darauf aufmerksam gemacht, wie der Totalitarismus den Unterschied zwischen privat und öffentlich mit dem Ziel beseitigt, die gesamte Gesellschaft weg von der normalen Politik, hin zu Verschwörungstheorien zu ziehen.[212] Private Räume eröffnen Freiheit zur Reflexion. Dass Bindungen das Wesentliche im menschlichen Zusammenleben, dass Familien konstitutiv für das Leben in einer stattlichen Gemeinschaft sind – all das war für die Widerstandskämpfer leitend. „Es gibt aber kaum ein beglückenderes Gefühl als zu spüren", schreibt Dietrich Bonhoeffer

---

210 Günter Brakelmann, Helmuth James von Moltke 1907–1945. Eine Biographie, München 2007.

211 Vgl. hierzu die großartige Studie von Linda von Keyerlingk-Rehbein, Nur eine „ganz kleine Clique"? Die NS-Ermittlungen über das Netzwerk vom 20. Juli 1944, Leipzig 2018.

212 Hannah Arendt, Elemente und Ursprünge totaler Herrschaft. Antisemitismus, Imperialismus, totale Herrschaft, München 1996.

im August 1944 aus der Haft an seinen Freund Eberhard Bethge, „daß man für andere Menschen etwas sein kann. Dabei kommt es gar nicht auf die Zahl, sondern auf die Intensität an. Schließlich sind eben die menschlichen Beziehungen doch einfach das Wichtigste im Leben; daran kann auch der moderne ‚Leistungsmensch' nichts ändern, aber auch nicht die Halbgötter oder die Irrsinnigen, die von menschlichen Beziehungen nichts wissen."[213]

Aus den Bindungen heraus wächst eine Kraft und auch eine Verantwortung zur Resistenz, zum Widerspruch und letztlich zum Widerstand. Peter Graf Yorck von Wartenburg, der Mitgründer des *Kreisauer Kreises*, empfand diese Verpflichtung stark: „Wenn wir uns einbilden, etwas ähnliches wie eine Elite zu sein, oder eine Führungsaufgabe zu haben, dann haben wir versagt und zwar dem einfachen Manne, dem Arbeiter gegenüber, denn sonst hätte das Dritte Reich nicht passieren dürfen. Wir haben eine Schuld gutzumachen am deutschen Arbeiter, deshalb müssen wir dieses Regime beseitigen."[214]

3. Setze Dich für das Gemeinwohl ein

Es wird allzu oft vergessen, dass die Urteile der späteren Verschwörer zu politischen Fragen in ihrer Zeit verhaftet und durchaus auch von konkreten Situationen abhängig und deshalb veränderbar waren. Eine Grundüberzeugung jedoch zieht sich durch ihre Schriften und ihr politisches Handeln wie ein roter Faden: Nicht Einzelinteressen, sondern dem Gesamtwohl des Staates muss die Politik und letztlich das menschliche Handeln überhaupt dienen. Dabei dürfe es „keinen Stand" geben, der, wie

213 Boenhoffer, Widerstand und Ergebung, S. 123.
214 Ger van Roon, Neuordnung im Widerstand. Der Kreisauer Kreis innerhalb der deutschen Widerstandsbewegung, München 1967, S. 226.

Gerhard Ritter es einmal formuliert hat, „grundsätzlich auszuschließen wäre von der Mitverantwortung am Staat und von der Erziehung zum Staat".

Nicht wenige der späteren Verschwörer haben dem Gemeinschaftsversprechen, das die Nationalsozialisten gaben als Gegenentwurf zu einer Gesellschaft, die bis dahin von tiefen Gegensätzen zerfurcht gewesen war, zunächst geglaubt. Später motivierte sie aber gerade der nationalsozialistische Verrat am Gemeinwohl, gegen das Regime zu arbeiten. So weltfremd es der heutigen Gesellschaft, in der nahezu alles durch materielle Eigeninteressen überlagert wird, klingen mag, so richtig ist auch: Ohne die Bereitschaft des Einzelnen, Verantwortung für das Ganze zu übernehmen, wird eine Demokratie nicht funktionieren. Die Männer und Frauen des 20. Juli handelten genau aus dieser Bereitschaft heraus. „Wir haben diese Tat auf uns genommen, um Deutschland vor einem namenlosen Elend zu bewahren", so Fritz-Dietlof von der Schulenburg, der eine wichtige Rolle als Mittler zwischen dem zivilen und dem militärischen Widerstand einnahm. „Ich bin mir klar, daß ich daraufhin gehängt werde, bereue meine Tat aber nicht und hoffe, daß sie ein anderer in einem glücklicheren Moment durchführen wird."[215]

4. *Suche die Wahrheit*

Du gibst Deine Freiheit auf, wenn Du den Unterschied zwischen dem, was du hören willst, und dem, was tatsächlich der Fall ist, leugnest. Diese Leugnung der Realität kann bequem sein, doch das Ergebnis ist Selbstaufgabe. Auch hier können wir vom Widerstand lernen. Nicht alle haben den wahren Geist

215 Zit. Nach Marion Gräfin Dönhöff, Um der Ehre willen. Erinnerungen an die Freunde vom 20. Juli, Berlin 1994, S. 87.

des Nationalsozialismus so früh begriffen wie Helmuth James von Moltke, der gemeinsam mit Peter Graf Yorck von Wartenburg den *Kreisauer Kreis* gründete: „ich habe mein ganzes Leben lang, schon in der Schule, gegen einen Geist der Enge und der Gewalt, der Überheblichkeit und der mangelnden Ehrfurcht vor Anderen, der Intoleranz und des Absoluten, erbarmungslos Konsequenten angekämpft, der in den Deutschen steckt und der seinen Ausdruck in dem nationalsozialistischen Staat gefunden hat."[216] Manche der späteren Widerstandskämpfer haben lange gebraucht, um den Nebel aus „Fake News" und Halbwahrheiten zu durchdringen. Früher oder später kamen aber alle der Wahrheit über den Charakter des Nationalsozialismus auf die Spur. Weil sie um Klarheit gerungen und die Suche nach der Wahrheit nie aufgegeben haben. Das scheint in Zeiten, in denen Social Media und PR-Overload der Manipulation Tür und Tor öffnen, wichtiger denn je zu sein. Es finden sich in den Schriften der Menschen, die sich im Staatsstreichversuch des 20. Juli zusammenfanden, unzählige Dokumente, die das Ringen um Wahrheit eindrucksvoll dokumentieren. Dietrich Bonhoeffer mag hier exemplarisch stehen, wenn er zum Jahreswechsel 1943 das Phänomen der Realitätsverweigerer beschreibt:

> „Dummheit ist ein gefährlicherer Feind des Guten als Bosheit. Gegen das Böse lässt sich protestieren, es läßt sich bloßstellen, es läßt sich notfalls mit Gewalt verhindern, das Böse trägt immer den Keim der Selbstzersetzung in sich, indem es mindestens ein Unbehagen im Menschen zurückläßt. Gegen die Dummheit sind wir wehrlos. Weder mit Protesten noch durch Gewalt läßt sich hier etwas ausrichten, Gründe verfangen nicht. Tatsachen, die dem

216 Helmuth James von Moltke an seine Söhne am 11. Oktober 1944, in: Helmuth James von Moltke, Briefe an Freya 1939–1945, hrsg. von Beate Ruhm von Oppen, München 1991, S. 50.

eigenen Vorurteil widersprechen brauchen einfach nicht geglaubt zu werden – in solchen Fällen wird der Dumme sogar kritisch –, und wenn sie unausweichlich sind, können sie einfach als nichtssagende Einzelfälle beiseitegeschoben werden. Dabei ist der Dumme im Unterschied zum Bösen restlos mit sich zufrieden; ja, er wird sogar gefährlich, indem er leicht gereizt zum Angriff übergeht, daher ist dem Dummen gegenüber mehr Vorsicht geboten als gegenüber dem Bösen. Niemals werden wir mehr versuchen, den Dummen durch Gründe zu überzeugen; es ist sinnlos und gefährlich. Um zu wissen, wie wir der Dummheit beikommen können, müssen wir ihr Wesen zu verstehen suchen. Soviel ist sicher, dass sie nicht wesentlich ein intellektueller, sondern ein menschlicher Defekt ist. Es gibt intellektuell außerordentlich bewegliche Menschen, die dumm sind, und intellektuell sehr Schwerfällige, die alles andere als dumm sind …"[217]

Ja, geht's noch aktueller?

In der Regierungserklärung des 20. Juli 1944 findet sich dann in komprimierter Form das Ergebnis langen Ringens: „Es ist ein grober Irrtum, anzunehmen, dass es einer Regierung gestattet sei, das Volk durch Lüge für ihre Ziele zu gewinnen. Gott kennt in seiner Ordnung keine doppelte Moral. Auch die Lügen der Regierungen haben kurze Beine und sind immer aus Feigheit oder Machtsucht geboren. Erfolg in der Behauptung der nationalen Stellung, Glück des Volkes und Seelenfrieden des einzelnen können nur auf Wahrhaftigkeit aufgebaut werden. Wir werden daher das übrige dazu tun, um ihr in jeder Unterrichtung des Volkes zu dienen. Wahrheiten sind häufig hart; aber das Volk, das sie

217 Bonhoeffer, Widerstand und Ergebung, S. 26.

überhaupt nicht mehr verträgt, ist ohnehin verloren."[218] Einen Schauer kann man bekommen, wenn man diesen Text heute liest. Er hat in Fake-News-Zeiten eine neue Bedeutung bekommen.

5. Lasse Empathie zu …

Die Haltung der Widerstandskämpfer zu Juden ist ein Abbild der damaligen Gesellschaft. Man findet alles: von völlig vorurteilsfreien Köpfen bis hin zu harten Antisemiten, mit allen Zwischenstufen und Grautönen. Eines ist aber fast allen gemeinsam: Mit Einsetzen der Ausgrenzung und Verfolgung setzte ein Mitgefühl für die Verfolgten und häufig eine tätige Unterstützung für die Verfolgten ein. Mir sagte mal die Tochter eines nach dem 20. Juli ermordeten Widerstandskämpfers: „Mein Vater hat sich für die Juden umbringen lassen. Aber er hätte sich umgebracht, wenn ich einen Juden geheiratet hätte." Die *Freiburger* „tickten", wie wir gesehen haben, ganz ähnlich. Daraus kann man viel lernen: Dass es in der Stunde der Not auf Empathie ankommt. Dass Vorurteile sekundär sind und getan werden muss, was zu tun ist: Nämlich, den bedrohten Mitmenschen helfen, ganz gleich, ob man sie sich auch als Mitbürger wünscht oder nicht. „Man muß damit rechnen, daß die meisten Menschen nur durch Erfahrungen am eigenen Leibe klug werden. […] Tatenloses Abwarten und stumpfes Zuschauen sind keine christlichen Haltungen. Den Christen rufen nicht erst die Erfahrungen am eigenen Leibe, sondern die Erfahrungen am Leibe der Brüder, um derentwillen Christus gelitten hat, zur Tat und zum Mitleiden."[219]

---

218 Entwurf einer Regierungserklärung von Ludwig Beck und Carl Friedrich Goerdeler, Sommer 1944, in: GDW, 2. Aufl. 2016.

219 Dietrich Bonhoeffer, Widerstand und Ergebung, S. 33–34.

Wenn niemand von uns bereit ist, für die Freiheit Opfer zu bringen, dann wird die Unfreiheit siegen. Auch das ist eine Lehre aus dem 20. Juli 1944. Es braucht Menschen, die bereit sind, mutig für das Einzutreten, was ihnen das Leben erst lebenswert macht: das Recht, die Gemeinschaft, die Wahrheit, das Eintreten für den Mitmenschen, die Freiheit. Nicht falsch verstehen: Es geht nicht ums Sterben. Es geht ums Leben. Und darum, für die Werte, an die man glaubt, im Ernstfall Existenzielles aufs Spiel zu setzen. „Wir haben uns vor Gott und unserem Gewissen geprüft", sagte Claus Schenk Graf von Stauffenberg wenige Tage vor dem Attentatsversuch, „es muss geschehen. Denn dieser Mann ist das Böse an sich."[220]

Nun ist es an uns, aus dem Erbe des Widerstands etwas zu machen: Die Möglichkeit zur Alternative als Ansporn zu nehmen. Hier liegt wohl die bleibende Bedeutung dieses Kapitels deutscher Geschichte. Einer Geschichte, die so arm ist an Beispielen der Selbstbehauptung und die sich so schwer tut mit dem Respekt vor jenen, die couragiert einen Geist vorleben, der das Recht des Menschen gegenüber der Diktatur betont. Die Männer und Frauen des 20. Juli haben uns diesen Geist vorgelebt.

220 Zit. nach Joachim Kramarz, Claus Graf von Stauffenberg. Das Leben eines Offiziers, Frankfurt/M. 1965, S. 201.

Abkürzungen

ACDP	Archiv Christlich Demokratischer Politik, Konrad Adenauer Stiftung, St. Augustin
BA	Bundesarchiv (Koblenz und Berlin)
DDP	Deutsche Demokratische Partei
DNVP	Deutsch Nationale Volkspartei
DVP	Deutsche Volkspartei
GDW	Gedenkstätte Deutscher Widerstand
Gestapo	Geheime Staatspolizei
GG	Geschichte und Gesellschaft
HZ	Historische Zeitschrift
NL	Nachlass
NSDAP	Nationalsozialistische Deutsche Arbeiterpartei
SPD	Sozialdemokratische Partei Deutschlands
SS	Schutzstaffel der NSDAP
UBF	Universitätsbibliothek Freiburg
VfZ	Vierteljahrshefte für Zeitgeschichte
ZfG	Zeitschrift für Geschichtswissenschaft

Literaturverzeichnis

Hannah Arendt, Organisierte Schuld, in: Die Wandlung, 1 (1946) 4, S. 333–352.

Hannah Arendt, Eichmann in Jerusalem. A Report on the Banality of the Evil, New York 1963.

Hannah Arendt, Elemente und Ursprünge totaler Herrschaft. Antisemitismus, Imperialismus, totale Herrschaft, München 1996.

Hannah Arendt, „Kollektive Verantwortung". Vortrag im Rahmen eines Symposions der American Philosophical Association, Veröffentlicht vom Verein Hannah-Arendt-Preis für politisches Denken, Oldenburg 1997.

Marie Baum, Leuchtende Spur. Das Leben der Ricarda Huch, Tübingen-Stuttgart 1950.

Sophie von Bechtolsheim, Stauffenberg. Mein Großvater war kein Attentäter, Freiburg 2019.

Wolfgang Benz, Im Widerstand. Größe und Scheitern der Opposition gegen Hitler, München 2018.

Isaiah Berlin, Freiheit. Vier Versuche, Frankfurt/M. 1995.

Eberhard Bethge, Dietrich Bonhoeffer. Theologe – Christ – Zeitgenosse, 4. Aufl. München 1978.

Eberhard Bethge, Dietrich Bonhoeffer und die Juden, in: Ernst Feil / Ilse Tödt (Hrsg.), Konsequenzen. Dietrich Bonhoeffers Kirchenverständnis heute, München 1980.

Eberhard Bethge, Erstes Gebot und Zeitgeschichte, München 1991.

Eberhard Bethge/Renate Bethge, Letzte Briefe im Widerstand. Aus dem Kreis der Familie Bonhoeffer, Gütersloh 2005.

Christine Blumenberg-Lampe, Das wirtschaftspolitische Programm der „Freiburger Kreise". Entwurf einer freiheitlich-sozialen

Nachkriegswirtschaft. Nationalökonomen gegen den Nationalsozialismus, Berlin 1973.

Dietrich Bonhoeffer, Werke. Bd. 1–17, hrsg. von Eberhard Bethge/Ernst Feil/Christian Gremmels/Wolfgang Huber/Hans Pfeifer/Albrecht Schönherr/Heinz Eduard Tödt/Ilse Tödt, Gütersloh 1994ff.

Ernst-Wolfgang Böckenförde, Schriften zu Staat – Gesellschaft – Kirche, 3 Bde., Freiburg/Brsg.-Basel-Wien 1989ff.

Günter Brakelmann, Helmuth James von Moltke 1907–1945. Eine Biographie, München 2007.

Martin Broszat/Saul Friedländer, Um die „Historisierung des Nationalsozialismus". Ein Briefwechsel, in: VfZ, 36 (1988), 2, S.339–372.

Michael Burleigh, Die Zeit des Nationalsozialismus. Eine Gesamtdarstellung, Frankfurt/M. 2000.

Eckart Conze, Aufstand des preußischen Adels. Marion Gräfin Dönhoff und das Bild des Widerstands gegen den Nationalsozialismus in der Bundesrepublik Deutschland, in: VfZ, 4 (2003), S. 483–508.

Christoph Cornelißen, Gerhard Ritter, Geschichtswissenschaft und Politik im 20. Jahrhundert, Düsseldorf 2011.

Christof Dipper, Der deutsche Widerstand und die Juden, in: GG, 9 (1983), S. 249–380.

Marion Gräfin Dönhöff, Um der Ehre willen. Erinnerungen an die Freunde vom 20. Juli, Berlin 1994.

Albert Friedlander, Dimensionen des Widerstandes, Vortrag des Rabbi an der Westminster Synagoge London und Direktors des Leo Baeck Colleges Professor Albert H. Friedlander Ph. D. am 19. Juli 1984 im Otto-Braun-Saal der Staatsbibliothek Preußischer Kulturbesitz, Berlin 1984.

Saul Friedländer, Das Dritte Reich und die Juden. 2. Bde., München 1998.

Hans-Helmuth Gander/Magnus Striet (Hrsg.), Heideggers Weg in die Moderne. Eine Verortung der „Schwarzen Hefte", Frankfurt/M. 2017.

Wolfgang Gerlach, Als die Zeugen schwiegen. Bekennende Kirche und die Juden, Berlin 1993.

Uwe Gerrens, Rüdiger Schleicher. Leben zwischen Staatsdienst und Verschwörung, Gütersloh 2009.

Daniel Jonah Goldhagen, Hitlers willige Vollstrecker. Ganz gewöhnliche Deutsche und der Holocaust, Berlin 1996.

Helmut Gollwitzer, Zuspruch und Anspruch. Predigten, München 1954.

Nils Goldschmidt (Hrsg.), Wirtschaft, Politik und Freiheit. Freiburger Wirtschaftswissenschaftler und der Widerstand, Tübingen 2005.

Wolfgang Huber, Dietrich Bonhoeffer. Auf dem Weg zur Freiheit. Ein Portrait, München 2019.

Heiko Haumann/Dagmar Rübsam, Hakenkreuz über dem Rathaus: Widerstand, in: Heiko Haumann/Hans Schadek; Geschichte der Stadt Freiburg, Bd. 3: Von der badischen Herrschaft bis zur Gegenwart, Stuttgart 1992.

Martin Heidegger, Die Selbstbehauptung der deutschen Universität. Rede, gehalten bei der feierlichen Übernahme des Rektorats der Universität Freiburg i. Br. am 27.5.1933, Frankfurt/M. 1990.

Bernd Hey / Matthias Rickling / Kerstin Stockhecke, Kurt Gerstein (1905–1945). Widerstand in SS-Uniform, Bielefeld 2000.

Peter Hoffmann, Widerstand, Staatsstreich, Attentat. Der Kampf der Opposition gegen Hitler, München 1987.

Peter Hoffmann, Carl Goerdeler gegen die Verfolgung der Juden, Köln 2013.

Alexander Hollerbach, Zu Leben und Werk Franz Böhms, in: Freiburger Universitätsblätter, 102 (1988), S. 81–90.

Alexander Hollerbach, Wissenschaft und Politik. Streiflichter zu Leben und Werk Franz Böhms (1895–1977), in: Dieter Schwab u. a. (Hrsg.), Staat, Kirche, Wissenschaft in einer pluralistischen Gesellschaft. Festschrift zum 65. Geburtstag von Paul Mikat, Berlin 1989.

Ricarda Huch, Briefe an die Freunde, hrsg. von Marie Baum, Neubearbeitung von Jens Jessen, Zürich 1986.

Brigitte Kaff (Bearb.), Franz Böhm. Beiträge zu Leben und Werk, Melle 1980.

Thomas Karlauf, Stauffenberg. Portrait eines Attentäters, München 2019.

Linda von Keyerlingk-Rehbein, Nur eine „ganz kleine Clique"? Die NS-Ermittlungen über das Netzwerk vom 20. Juli 1944, Leipzig 2018.

Tobias Korenke, Historiker und der Nationalsozialismus. Anmerkungen aus Anlass eines Briefwechsels zwischen Gerhard Ritter und Wilhelm Mommsen, in: Othmar Nikola Haberl/Tobias Korenke (Hrsg.), Politische Deutungskulturen. Festschrift für Karl Rohe, Baden-Baden 2000, S. 212–227.

Tobias Korenke, Grenzüberschreitungen: Carl Goerdelers Widerstand gegen die Judenverfolgung, in: Ekkehard W. Stegemann/Klaus Wengst (Hrsg.), „Eine Grenze hast Du gesetzt". Edna Brocke zum 60. Geburtstag, Stuttgart 2003, S. 349–364.

Joachim Kramarz, Claus Graf von Stauffenberg. Das Leben eines Offiziers, Frankfurt/M. 1965.

Sabine Leibholz-Bonhoeffer, Weihnachten im Hause Bonhoeffer, 13. Aufl. Gütersloh 2005.

Albert S. Lindemann, Esaus's tears, Modern Anti-Semitism and the Rise of the Jews, Cambridge 1997.

Rudolf Lill/Michael Kißener (Hrsg.), Der 20. Juli 1944 in Baden und Württemberg, Konstanz 1994.

Hans Maier (Hrsg.), Die Freiburger Kreise. Akademischer Widerstand und Soziale Marktwirtschaft, Paderborn 2014.

Bernd Martin (Hrsg.), Martin Heidegger und das „Dritte Reich". Ein Kompendium, Darmstadt 1989.

Bernd Martin, Die Entlassung der jüdischen Lehrkräfte an der Universität Freiburg und die Bemühungen um ihre Wiedereingliederung nach 1934, in: Freiburger Universitätsblätter, 129 (1995), S. 7–44.

Michael Matthiesen, Gerhard Ritter, Studien zu Leben und Werk bis1993, 2 Bde., Egelsbach 1993.

Winfried Meyer (Hrsg.), Hans von Dohnanyi. Verschwörer gegen Hitler. „Mir hat Gott keinen Panzer ums Herz gegeben.", München 2015.

Helmuth James von Moltke, Briefe an Freya 1939–1945, hrsg. von Beate Ruhm von Oppen, München 1991.

Helmuth James Graf von Moltke, Im Land der Gottlosen. Tagebuch und Briefe aus der Haft 1944/45, hrsg. von Günter Brakelmann, München 2009.

Hans Mommsen, Alternative zu Hitler, Studien zur Geschichte des deutschen Widerstands, München 2000.

Thomas Nipperdey/Reinhard Rürup, Antisemitismus, in: Otto Brunner/Werner Conze/Reinhard Koselleck (Hrsg.), Geschichtliche Grundbegriffe, Bd. 1, Stuttgart 1972, S. 129–153.

Christine-Ruth Müller, Dietrich Bonhoeffers Kampf gegen die nationalsozialistische Verfolgung und Vernichtung der Juden, München 1990.

Hugo Ott, Martin Heidegger als Rektor der Universität Freiburg i. Br. II. Die Zeit des Rektorats von Martin Heidegger (23. April 1933 bis 23. April 1934), in: Zeitschrift des Breisgau-Geschichtsvereins, 103 (1984), S. 107–130.

Hugo Ott, Martin Heidegger. Unterwegs zu seiner Biographie, Frankfurt/M. 1992.

Hugo Ott, Der „Freiburger Kreis", in: Rudolf Lill/Michael Kißener (Hrsg.), Der 20. Juli 1944 in Baden und Württemberg, Konstanz 1994, S. 125–153.

Hugo Ott/Bernd Grün, Das Rektorat Heidegger: ein schwieriges Kapitel der Freiburger Universitätsgeschichte, in: Freiburger Universitätsblätter, 145 (1999), S. 155–170.

Gerhard Ritter, Carl Goerdeler und die deutsche Widerstandsbewegung, Stuttgart 1955.

Gerhard Ritter. Ein politischer Historiker in seinen Briefen, hrsg. von Klaus Schwabe/Rolf Reichardt unter Mitwirkung von Reinhard Hauf, Boppard am Rhein 1984.

Karl Rohe, The State Tradition in Germany: Continuities and Changes, in: Dirk Berg-Schlosser/Ralf Rytlewski (Hrsg.), Political Culture in Germany, Houndsmills/Baskingstoke 1993, S. 215–231.

Ger van Roon, Neuordnung im Widerstand. Der Kreisauer Kreis innerhalb der deutschen Widerstandsbewegung, München 1967.

Traugott Roser, Protestantismus und Soziale Marktwirtschaft. Eine Studie am Beispiel Franz Böhms, Münster 1998.

Dagmar Rübsam/Hans Schadek (Hrsg.), Der „Freiburger Kreis". Widerstand und Nachkriegsplanung 1933–1945. Katalog einer Ausstellung, Freiburg 1990.

Fabian von Schlabrendorff: Offiziere gegen Hitler. Neue, durchgesehene und erweiterte Ausgabe von Walter Bußmann. Berlin 1984.

Thomas Schnabel (Hrsg.), Formen des Widerstands im Südwesten 1933–1945. Scheitern und Nachwirken, Ulm 1994.

Fritz Stern/Elisabeth Sifton (Hrsg.), Keine gewöhnlichen Männer. Dietrich Bonhoeffer und Hans von Dohnanyi im Widerstand gegen Hitler, München 2013.

Peter Trawny/Andrew J. Mitchell (Hrsg.), Heidegger, noch einmal, Frankfurt/M. 2015.

Shulamit Volkov, Jüdisches Leben und Antisemitismus im 19. und 20. Jahrhundert. Zehn Essays, München 1990.

Wilhelm Ernst Winterhager, Der Kreisauer Kreis. Portrait einer Widerstandsgruppe, Mainz 1985.